市南教育·课程与教学改革丛书

JUE CHA XING DONG GAN WU

觉察 行动 感悟

——小学心理健康教育生活化案例教学实践

松　梅　主编

中国海洋大学出版社

·青岛·

图书在版编目（CIP）数据

觉察 行动 感悟．小学心理健康教育生活化案例教学实践 / 松梅主编．—青岛：中国海洋大学出版社，2016.12

ISBN 978-7-5670-1316-2

Ⅰ．①觉… Ⅱ．①松… Ⅲ．①心理健康－健康教育－小学－教学参考资料 Ⅳ．① G444

中国版本图书馆 CIP 数据核字（2016）第 308190 号

出版发行	中国海洋大学出版社
社　　址	青岛市香港东路 23 号　　　　邮政编码 266071
出 版 人	杨立敏
网　　址	http://www.ouc-press.com
电子信箱	1079285664@qq.com
订购电话	0532-82032573（传真）
责任编辑	郭　利　　　　　　　　　　电　　话 0532-85902533
装帧设计	青岛友一广告传媒有限公司
印　　制	青岛正商印刷有限公司
版　　次	2017 年 11 月第 1 版
印　　次	2017 年 11 月第 1 次印刷
成品尺寸	166 mm × 240 mm
印　　张	13.25
印　　数	1—2000
字　　数	208 千
定　　价	32.00 元

丛书编委会

主　　任　王轶强

副 主 任　王　红

编　　委　王轶强　王　红　刁丽霞　冯　骋
　　　　　董坤凌　王红梅　关　茜　王贞桂
　　　　　杨国青　叶少远　杨希婷

本书编委会

总 策 划　王　红

主　　编　松　梅

副 主 编　郭　斐

编　　者　王　红　松　梅　郭　斐　崔　洁
　　　　　关　佳　张明滋　蔡　颖　李　妮

编委风采

 松梅：青岛市市南区教育研究中心教研员，心理咨询师、心理督导师，山东省心理健康教育兼职教研员，山东省基础教育教师培训专家。全国心理健康教育先进个人，山东省心理健康教育先进工作者，山东省心理健康教育研究会理事，青岛市心理学会理事，青岛市青少年心理健康研究会副秘书长，青岛市基础教育学科指导委员会委员，青岛市教学能手。曾主编中小学《心理健康教育》教材6册，担任《孩子，我们有多爱你》副主编。

 郭斐：国家心理咨询师考试培训师、青岛日报、青报网特约心理专家、青岛圣之爱儿童自闭症康复中心专家顾问、青岛关工委心理热线专家。师从心理治疗大师美籍华人龚鉌博士多年，是实战派表达性艺术团体治疗师。著作有《小学表达性团体心理辅导》《小明上学记——自闭症儿童成长、康复、教育指导》《心理健康教育》等。

 崔洁：小学老师兼职心理老师。山东省心理健康先进工作者、国家二级心理咨询师、青岛市教学能手、青岛市优秀班主任、青岛市专业技术人才、市南区心理健康教学能手。参加山东省、青岛市优质课评比均获一等奖。参与市、区课题研究以及教材的编写。

 关佳：青岛德县路小学心理教师，市南区德育先进个人。2011年追随李慧杰老师开始心理学学习，先后取得心理健康辅导员、心理督导师、学习能力指导师资格。立足于精神分析，参与过动力性团体、家庭治疗、沙盘治疗、绘画治疗、焦点、叙事等多种心理技术的学习。近年来，坚持开发执教心理校本课程，并在自我成长实践中不断积累和分享，力求一个如世界般博大的心灵空间。

张明滋:青岛市优秀教师,山东省心理健康教育研究会先进个人,国家二级心理咨询师。1987年从教至今,喜欢孩子,热爱教育,曾多次执教心理辅导公开课,撰写的论文曾荣获山东省中小学教科研优秀成果一等奖,心理辅导案例获山东省心理健康教育优秀成果二等奖,《谈学校绘画疗法的操作及注意事项》在青岛市中小学心理教师培训研讨活动——"心理辅导论坛"中进行经验交流。

蔡颖:国家二级心理咨询师,小学高级教师,本科学历。从教20余年,自2004年考取国家三级心理咨询师资格证书以来,一直从事与心理健康相关工作。期间多次接受专业心理咨询与治疗培训,有多篇有关心理健康教育的论文在省、市、区获奖。2009年,获得国家二级心理咨询师资格证书。

李妮:青岛香港路小学随班就读生观察员,学校心灵驿站站长。中国人社部沙盘游戏中级咨询师,市南区特殊教育能手,市南区优秀班主任。

教学研究心理活动剪影

举办市南区初小心理健康教育研讨会，实施"觉察行动感悟教学法"。

沙盘操作技能研讨活动松梅心理教研员及骨干教师进行"觉察行动感悟教学法"的演示。

沙盘操作技能研讨活动松梅心理教研员及骨干教师进行"觉察行动感悟教学法"的演示。

2013年5月在山东省优秀教研机构评选现场展示中市南区心理活动受到好评。

2015年4月,在全国心理健康教育工作论坛上,松梅老师作为教研员代表发言。

市南区教师运用"觉察行动感悟心理教学法"在山东省中小学心理健康教育实施途径专题研讨会上进行课例展示。

市南区"觉察、行动、感悟参与体验式心理教学法"在市南区教育研究中心进行工作交流。

将心理健康教育与班主任培训相结合,让每一个班主任都学会从心理角度理解学生的技能。

学生心理活动剪影

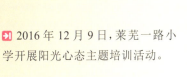

身随"心"动与"心"共舞
2016 年 5 月 4 日，青岛八大峡小学承办青岛市中小学心理辅导体验式教学研讨活动。

2016 年 12 月 9 日，莱芜一路小学开展阳光心态主题培训活动。

优点大轰炸
2016 年 12 月，市南区第二实验小学心理社团心理活动。

慧乐教师，优乐学生
2016 年 3 月，青岛定陶路小学骨干班主任心理培训。

▶ 祝福你

2016 年 11 月 18 日,青岛北京路小学承办青岛市中小学心理教师经验交流活动。

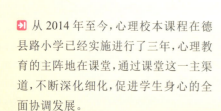

◀ 祝福你

2016 年 3 月,青岛北京路小学王静老师为来自黑龙江参观学习的老师们进行沙盘团体辅导。

▶ 从 2014 年至今,心理校本课程在德县路小学已经实施进行了三年,心理教育的主阵地在课堂,通过课堂这一主渠道,不断深化细化,促进学生身心的全面协调发展。

◀ 德县路小学通过心理社团活动和午休沙龙活动,开展沙盘游戏、电影赏析、绘画等活动,丰富学生的课余生活,满足学生对心理探究的兴趣需要,成为学生们乐于实践的兴趣平台。

青岛贵州路小学邀请家长学校讲师团，青岛二中曾莉老师给学校1~6年级家长代表们做《如何培养孩子的可持续发展力》的讲座，得到与会家长们的认可和好评。

贵州路小学兼职心理健康崔洁老师，运用曼陀罗和焦点技术，对学生进行心理疏导，找到学生的闪光点，建立自信。

青岛三江学校吕开新副校长带领心理组成员认真教研。

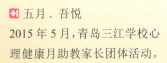

五月·吾悦
2015年5月，青岛三江学校心理健康月助教家长团体活动。

◀ 2016 年 9 月，青岛市实验小学
的学生在进行沙盘体验活动。

▶ 2016 年 10 月，青
岛市实验小学四年级
的学生在拓展中心进
行团体体验活动。

▶ 2016 年 6 月，青岛市实验小学的学
生在操场上跳起兔子舞为迎接即将到
来的考试减压。

◀ 缘聚，你也在这里
2016 年 11 月，青岛燕儿岛路
第一小学承办青岛市中小学
心理教师经验交流活动。

探究生活中的心理学
2016年3月,青岛嘉峪关学校开展"备教结合"教学模式探讨,探究生活中的心理学。

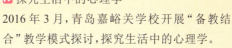

春到八大关
2016年4月,青岛市教研室心理教研员吕海娥老师到青岛嘉峪关学校调研。

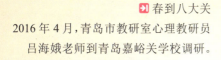

基于核心素养的问题式学习策略研究
2016年12月,青岛嘉峪关学校开展"基于核心素养的问题式学习策略研究",市南区心理教研员松梅老师指导并现场评课。

我为自己竖大拇指
2016年5月,青岛太平路小学举办团体活动"我为自己竖大拇指"中,学生能发现自己的有点并能为自己感到骄傲和自豪。

站起来,站得更高
2016年4月,青岛太平路小学举办"站起来,站得更高"团体活动,旨在让学生学会正确面对挫折。

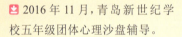 2016 年 11 月,青岛新世纪学校五年级团体心理沙盘辅导。

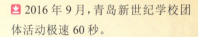 2016 年 9 月,青岛新世纪学校团体活动极速 60 秒。

 素质拓展训练——团队协作
2016 年 11 月,青岛银海学校团体体验式活动,团队协作。

素质拓展训练——发散思维训练
2016 年 11 月,青岛银海学校团体体验式活动,发散思维训练。

 青岛宁夏路成立的存在主义－封闭式－家长效能成长团体活动现场。

 《宁夏幸福课》系列之"阳光下的幸福"青岛宁夏路小学开展心理健康教育现场活动。

同舟共济
2016 年 10 月 13 日，青岛宁夏路第二小学开展以凝心汇聚力量主题的特色心理与健康活动。

贪吃蛇
2016 年 11 月 10 日，青岛宁夏路第二小学开展以团结协作，健康成长为主题的室外心理拓展活动。

文小汇爱在此处，海纳百川同远行

2016 年 11 月，青岛文登路小学承办青岛市中小学心理教师经验交流活动。

汇爱——青春之花绽放

2016 年 12 月 9 日，青岛文登路小学心理工作坊邀请青岛文青社会工作发展中心主任蒋华老师，为我校六年级学生开展了主题为"关注青春期 应对成长压力"知识培训活动。

2015 年 12 月，文登路小学公民教育特色家校课——家庭系统动力对孩子的影响。授课人为家长学校团体授课专家王炳梅。

动力大转轮

2016 年 11 月，青岛新昌路小学的学生们分成小组用报纸制作了一个大转盘，开心动起来。

沙盘初体验

2015 年 10 月，青岛新昌路小学的沙盘室里，同学们每人挑选了自己喜欢的一个沙具，说说自己的感受。

打造优质教育 品味美好生活

（代序）

教育既是培育人才、促进经济成长、引导社会进步、传承与创新文化的基础性工程，又是开启生命发展无限可能的桥梁，同时还是提高人的素质、促进人的全面发展、提升人的生活品质的摇篮。所以，加强内涵建设，积极提升教育品质，是我们每一位教育工作者的责任。在我看来，教育应当是充满关注生命气息的、能够让生命的活力充分涌流的、能够让智慧之花尽情绽放的教育，使学生、教师、学校、社会、家庭以及他们各自构成的系统之间具有良好的教育生态关系的教育。从这个意义上来说，优质教育是促进学生自主发展、和谐发展、有个性的发展和可持续发展的教育，是促进社会持续、健康、和谐、快速发展和进步的教育。

优质教育源自前瞻的教育理念，优质教育源自开放的国际视野，优质教育源自丰富的生活内涵。优越的办学设施和科学的教学管理能体现学校的品质，优秀的师资队伍和优质的服务理念能彰显教育的品质，优化的课程设置和精致的活动安排能看到管理者和教师的人品。所以，追求优质教育，让教师、孩子们享受优质教育并以此奠基幸福人生为目标，是高品质教育的执着追求。

我们的教育管理工作时刻面临着选择。打造优质的教育必须选好目标，定好方向，建立科学、规范、民主的管理体制，建立健全、公正、合理的利益调整机制和激励机制，通过规范、科学的管理来提高教育质量、增强教育品质。

青岛市市南区的领导和老师们基于提升学生的核心素养进行了一系列改革，出发点和落脚点都是学生，关爱学生的健康成长，培养学生的优良品质。培养品质优良的学生，学校必须关注学生的健康成长，提升学生的生命质量，让每一位学生都生活在洁净的蓝天下，让每一位学生都沐浴在希望的阳光里，让每一位学生都成长在快乐的学习中；让能飞的孩子飞得更高，让能跑的孩子跑得更快，让能走的孩子走得更远，努力发挥教育满足社会需求与引领社会进步的双重功能，促进学生主动、和谐、全面、健康地发展。教师在

1

关注教学质量的同时,更有责任和义务引导学生"学会认知、学会做事、学会共同生活、学会生存",培养负责精神;要教育学生懂得关心别人、有责任心、尊敬别人、信任别人以及认识家庭的重要性,让学生感受到学校是一个充满爱心的地方;要通过言传身教引领学生形成传统美德,使他们知道具有这些美德是非常有意义的。培养有朝气、有爱心、有活力、有能力的学生,让学生能怀着一颗博爱之心和充满责任感走出校门,这才是优质教育的诉求。

在创建优质教育学校的过程中,要注意以下三个方面。一是激发家长的教育潜能,提升家庭的教育品质。教育不仅仅是学校一方的责任,社会、家庭也应重视对学生的品德教育,并在各个方面支持、配合学校教育,要努力构建学校、家庭和社会密切结合的大教育网络,创设良好的社会环境。良好的学校教育是建立在良好的家庭教育基础之上的。学校与家庭之间,是教育的合作伙伴关系。随着社会的发展,每个家长的教育意识在不断提高,参与学校教育的积极性也在不断增强,他们强烈地认识到作为父母培养下一代接班人的责任和义务,把学习家庭教育理论和方法作为自己终身学习的一个必不可少的内容。作为教育工作者应当看到这种发展趋势,了解家长们学习的愿望,并积极创造条件满足他们学习的需求,激发他们的教育潜能。二是帮助教师理解优质教育的内涵,构建良好、和谐的师生关系,促进学生的主动发展;以德育为核心,以培养创新精神为重点,树立以学生为本的教育观。三是实行人性化管理,关注每个教师的生命质量,让教师更幸福地工作,以学校为家,以学校为荣,为自己的学校奉献,焕发出生命的光彩。关注每个教师的个体需求,提供和创设机会让教师像池子中畅游的小鱼和天空中自由飞翔的小鸟一样感到舒适。

在创办优质教育的过程中,优质教育的品牌就会自然形成,在社会上的认可度就会进一步提升,教育的形象也就会进一步树立起来。

本系列丛书,展示的是青岛市市南区的教育以上述思想为主线,创办优质教育所留下的踏踏实实的脚印。"靡不有初,鲜克有终",就在一步一步的攀援中,在一点一滴的反思中,在一次一次的创造中……终有一天,我们会到达理想的顶峰。

怀揣着梦想,我们走在路上!

是为序。

青岛市市南区教育体育局党委书记、局长　王轶强

2017 年 11 月

序言
PREFACE

　　2016 年 9 月,《中国学生发展核心素养》总体框架正式发布,成为深化课程改革、变革育人模式、提高教育质量的重要抓手。

　　追溯至 2009 年,青岛市市南区心理健康教育开始了"觉察、行动、感悟"参与体验式教学法的探索,在心理健康教育的课程建设方面进行了理解、规划和实施,在区域心理健康教育的课程价值、课程规划、课程开发、课程设置及课程管理方面进行了整体性的课程领导。积极发挥课程的整体育人功能,关注课程改革的目的、意义,强调愿景性、民主性、合作性、建构性和批判反思性。从个体领导到多元参与,教研员作为引领者、支持者、协调者和组织者,着力建构一个注重民主、合作与分享的课程共同体,推进区域内心理健康教育教师课程领导力的落实。为教师参与课程领导提供民主、开放、协力、合作的氛围,组建强有力的教师研究团队,每个团队聚焦一个领域,不同的领域分布整个市南区,在成就每个教师的同时,增强团队的力量。体现课程利益相关者共同参与和协作,将各方的课程领导力统一起来,找到提升课程领导力的有效途径,从而引领学校课程时间及组织形态的变革与发展。

　　伴随着中小学心理健康教育工作的发展,以班级为对象开设心理辅导课的意义被更多学校所认可。通过提供、创设一些具体的情景,引导学生体验和感悟,引发学生情感共鸣,促进心灵成长。学生的心理成长,如果没有内在的体验,很难认同与内化教师讲授的内容。

　　青岛市市南区素来重视学生的心理健康教育工作,把培养学生的全面

发展和身心健康放在首位。编委全部是市南区倾心培养的专业强、素养高的心理健康教育骨干教师,是市南区小学心理健康教育领域的主力军。每个章节系统性、指导性强,活动设计切合小学生实际生活。内容安排细致入微,是多年的心理健康教育课程建设结出的硕果。

本书具有以下几个方面的显著特点:

第一,体系全、重原创。

本书对心理活动概括得非常全面,书的独特之处在于每一个活动的每一个细节都写得非常详尽。书中的心理活动是一线小学心理教师在多年实战经验基础上的创新、改造和完善,所以,我们看到的书中的部分活动似曾相识却又十分新鲜。此外,本书中还加入了更多适用于班级团体心理训练的原创活动,这些活动对于开阔读者视野,提升心理活动课水平,改进心理健康教育模式有十分重要的示范和引领作用。

第二,内容精、形式新。

全书分六大版块,主题分别为环境适应、自我发展、情绪管理、人际关系、学习能力和生涯规划,每一部分均有引言,提纲挈领将内容高度提炼。每个单元版块又精选了6个课题,全书共36个,均含"课程素材""课程设计""行动感悟"和"生活化瞭望"四个部分。

课程形式新颖、多元化,如心理测量、心灵绘本、心理互动、心理训练、绘声绘影、专业推荐等,每一部分内容都做到了最大化精简,力求少而精,生动有趣。通过提供、创设一些具体的情景,引导学生体验和感悟,引发他们情感共鸣,促进心灵成长。

第三,实操性、指导性强。

本书根据小学生不同阶段的成长特点,有针对性地设计了生活化辅导方案。根据小学生的发展阶段突出不同的辅导主题,同时重点介绍了辅导的规则和流程,让辅导老师很容易学习和使用相关技术,对于普及小学心理健康教育,提高辅导质量和覆盖面意义非凡。

第四,专业性、实效性强。

本书突出了表达性团体心理辅导的特点,绘画疗法、音乐疗法、心理剧等都是表达性心理治疗的常用技术。这些技术的最大优点在于让学生在不同表达形式过程中释放情绪能量,得到领悟和成长,从而协调身心的平衡和健康。表达性心理辅导的方式让孩子们更容易接受,好玩又有效,非常适合如今压力和焦虑越来越大的学生群体。

良好的心理素质是人的全面素质中的重要组成部分。小学生正处在身心发展的重要时期,随着生理、心理的发育和发展、社会阅历的扩展及思维方式的变化,特别是面对社会竞争的压力,他们在学习、生活、人际交往、升学就业和自我意识等方面,会遇到各种各样的心理困惑或问题。只有拥有健康的身心才会有自发性和创造力,才会有未来国家的创新人才和栋梁。

希望此书能对促进学校的心理健康教育工作,促进学生身心和谐发展有所裨益。

松　梅

2017 年 5 月

目录
CONTENTS

第一单元　环境适应

　　适应是个体积极改变自己生存的环境或者改变自己原有的状态，以获得所需的间接满足的过程。适应能力是人类战胜自然、改造社会、改造自己的必备素质。周围的环境是不断变化的，人们必须不断调节自己的行为才能适应这种变化，"物竞天择，适者生存"，这是一条不以人的意志为转移的规律。能面对现实并以积极的态度适应环境，情绪稳定、乐观，能保持良好的心境，这是小学生心理健康的一个重要指标。小学生在学习、生活、成长过程中遇到挫折，在自己正确面对的同时，最好主动和老师、家长沟通、交流，及早地找到适合自己的调整方法。

　　本单元以"适应环境"为主题，以儿童生活中密切联系的内容为出发点，根据小学生在不同年龄阶段以及每个阶段不同时期不同的心理发展任务，从学生的生活学习出发，结合教学情境为主线而编排设计了六个主题。旨在引导学生开展生动活泼的游戏、活动，在活动中感受校园生活的欢乐，学习校园生活必备的心理知识与技能，为今后的学习、生活打下坚实的基础，培养乐观向上的生活态度。本单元的六个主题分别是："我是小学生""唠叨里的爱""学会合理消费""家，温馨的港湾""爱上成长的烦恼""用积极的心态迎接初中生活"。游戏活动形式和内容都非常简单，易操作，深受学生们的喜爱，可帮助学生快速建立起良好的人际关系，有助于他们较快地融入新集体，适应新环境。

我是小学生

青岛香港路小学　李妮

一 课程素材

1. 锦囊妙计

游戏(贴鼻子、自画像)游戏规则:参与游戏者在距离白板三米远处蒙眼原地转三圈,然后走向目标,将手里的吸铁磁放在目标图案的鼻子处,吸铁磁贴在指定的红色鼻子范围内即为获胜,可获得一颗星。(1)每人只能玩一次。(2)当前游戏者可求助周边的参与者,可获得"上下、左右"提示一次。

2. 校园剧场

每天早上,丁零零的小闹钟把我从睡梦中唤醒。我知道,我该起床了。因为我要去上学,我是一名可爱的小学生了。如果起床晚了,就可能上学迟到了。我知道,当一名小学生,上学不能迟到。妈妈帮我整理书包,我对妈妈亲切地说:"妈妈,我自己整理吧,自己的事自己做,我是小学生了。"背上书包我高高兴兴去学校。一路上,小鸟为我歌唱,小树为我欢呼,我心里别提有多高兴了。来到学校见到老师说声:"老师,您好!",见到同学说声:"同学,您早!"。我是一名小学生了,我应该懂礼貌。

二 课程设计

【课　　题】我是小学生

【年　　级】一年级

【主题背景】

从小学生跨入小学校门起,学习活动就取代了学前儿童的游戏活动而成为了他们的主要活动形式,并且对他们的心理产生重大影响。因此,入学适应是摆在小学生面前的第一道关口。入学适应问题能否得到完满的解决,

将长久地影响到小学生今后的学习生活和心理发展。入学适应并不仅仅指课堂学习本身,还包括与学校生活相关的各种能力的培养。步入小学门槛,是孩子们成长中的关键一步。这期间师生间的彼此信任、教师的正确引导就尤为重要。本课主旨在于帮助新生形成对入学的正确认识和态度,帮助学生顺利地实现由幼儿向小学生的角色转换,使他们能够在学校里情绪安定、心情愉快,以积极的态度迎接新生活。

【活动目标】

1. 通过活动,让学生认识到自己新的社会角色——小学生;让学生认识到自己的角色变化,从情感上意识到自己长大了。

2. 学会以小学生的行为规范约束自己,提高自我约束能力。

3. 通过辅导活动,让小学生懂得,自己的主要任务不再是游戏,而是要在教师和家长的指导下进行学习。

【过程与方法】

(一)导入新课

1. 课前热身游戏:贴鼻子。

2. 游戏二:自画像。

无聊的脸、难过(忧伤)的脸、开心的脸、生气的脸……

你是什么样的脸,把他画出来。

3. 为什么会有这样的脸,背后的原因是什么?

讨论:为什么无聊、为什么开心、为什么难过、为什么生气,找出原因,让同学们给出答案。是什么导致了这样的情况,怎么解决?

无聊、难过、生气的原因:教师的批评、留校、没有朋友(玩伴)、老师和同学的误解、学校生活太无聊,上课也没意思,一节课要坐那么长时间,还要写很多作业。

4. 小结:从你背上崭新的书包,蹦蹦跳跳地去上学的那一天起,你已经长大了。从此你将离开无忧无虑的幼儿园生活,进入另一个崭新的天地。一开始,你也许会感到不习惯,但你会慢慢地适应小学生活。

(二)行动感悟

1. 播放录像一。

内容:小学四、五年级学生严格地遵守校纪校规,有着良好和规范的行为,努力地学习科学文化知识,如:学生很有秩序地进校、升国旗时庄重的神态、上课聚精会神地听讲、上下楼梯靠右走、认真地做好值日工作……

2. 小组讨论:

(1)录像里,高年级的大哥哥、大姐姐们在干什么?

(2)他们的行为好不好?好在哪里?

(3)我们应该向他们学习什么?

3. 教师小结:高年级的大哥哥、大姐姐们严格地遵守校纪校规,这是他们进入小学后多年训练的结果。我们也要像他们一样,做一名优秀的小学生。

4. 播放录像二。

内容简介:

(1)一组各行各业的人们辛勤工作的镜头。

(2)访问班里的一个小朋友父母的情况。

5. 小组讨论:

(1)先放前半段录像。每天,当我们在学校里上课时,各行各业的人们都在辛勤地工作。当然,这中间也有我们的父母。

(2)播放后半段录像。我们来看看这位小朋友的父母的工作是否也非常辛苦。家长对这位小朋友有什么希望?

(3)你们的爸爸妈妈对你们有什么希望?爸爸妈妈和千千万万的劳动者一样每天都辛勤忘我地工作。他们对我们抱有很大的期望。我们应该做听话的好孩子,在老师、父母的教育培养下努力学习,健康地成长。

6. 说说你看到了什么?这些小朋友背着新书包干什么?猜猜他们心里在想什么?小朋友背着书包来上学,可高兴了,因为他们知道从今天起,他们就是一名光荣的小学生了。

(三)活动与训练

1. 成为一名小学生,许多方面都发生了很大变化。请小朋友说说作为一名小学生与在幼儿园时的不同,其他同学作补充。

2. 大家展开讨论,和同学们一块说说当小学生的感受,以及怎样做一名好学生。

在无聊中找到自己感兴趣的地方。大家发言,找到以下场景的乐趣:

上课、下课、在家做作业。

上课的乐趣：

（1）回答对问题，可以得到老师的表扬、同学的钦佩；

（2）可以得到小红花或其他奖品；

（3）可以听老师讲有意思的故事或经历；

（4）可以得到新的知识；

（5）可以比一比谁的课堂作业做得快。

下课的乐趣：

（1）和同学做游戏；

（2）聊聊昨天看的电视动画片；

（3）休息一下。

做作业乐趣：

（1）作业写得好，字很漂亮看起来会很舒服；

（2）快一点写完可以得到奖励，比如看会儿电视、看会儿故事书；

（3）作业完成得好就可以得到爸爸妈妈和老师的表扬；

（4）可以得到同学们的钦佩；

（5）小品：《我是一名小学生》。

教师总结：

我们已经是小学生了，和幼儿园不一样了。我们已经长大了，可以自己处理很多事情了，可以帮父母做很多事情了，是个小大人了。我们要尽快地适应学校生活，让自己在学校过得很开心。那我们来总结一下，都怎么样做才会很开心。这是我们的小学生活的开端，让我们一起努力，来做个快乐的小学生。

（四）歌声寄情，情感升华

成长是快乐的，学习也是快乐的。看，太阳公公在向我们招手，花儿在向我们点头。全体起立，让我们把快乐与爱撒满校园。师生共唱《上学歌》。

三 实践反思

一年级新生由幼儿园跨入小学，由游戏式教学转为正规系统的知识学习，进入了较严格的学校管理体系，稍不小心，就可能受到心理挫伤，从而产生害怕学校与学习的心理,这对其健康成长是很不利的。为了让教学更贴近学生的生活,在开学第一天,老师精心找了些学生进校的画面,通过观看入学的录像展示他们的真实生活:有的学生高高兴兴地去上学,反映了上学的喜悦心情;有的学生紧紧拉着妈妈的手,说明他们在陌生的环境中有一些紧张。通过观看录像,既能使学生产生亲近感,又能帮助学生减少对新环境的陌生感等。通过游戏、回忆、聆听录音等活动比较小学与幼儿园生活的不同之处,让学生从感情上认识到自己长大了,要以一个小学生的标准衡量自己、要求自己,在老师、父母的教育培养下,努力学习,健康成长。

四 生活化瞭望

心理游戏:自画像。

1. 老师发给每位参与者一张 16 开大小的白纸,把彩色笔放于场地中央,供需求者自由取用。

2. 在 8～10 分钟内,每人在白纸上画一幅"自画像"。

3. 小组内交流"自画像"的含义,同组成员可以提出质疑。

4. 老师发现典型案例做全班分享。

唠叨里的爱

青岛宁夏路小学　郭斐

 课程素材

1. 锦囊妙计

画画我家的座位图

你注意过吗,你的家里通常是怎样坐座位的?绘制一张"我家的家庭座位图"。在你的家庭座位图中,你通常是离着谁最近?你又是离着谁最远?这样的排序大致是从何时开始的?那时的你或者你的父母有了怎样的变化?

2. 调查问卷

与父母沟通情况调查表

请回想我与父母的沟通情况,根据大多数情况下的真实状况,按照下列提供的选项,进行选择。

(1)沟通时间(小时/周)A.1　B.2~4　C.5~7　D.8以上

(2)沟通主动性 A.我主动 B.父亲主动 C.母亲主动 D.双方都主动

(3)沟通的兴趣程度 A.很感兴趣 B.心不在焉地听 C.要求以后再说 D.要求不要说

(4)沟通内容 A.家庭琐事 B.谈同学 C.谈学习 D.父母工作 E.新闻社会事件 F.谈老师 G.其他

(5)不沟通的原因 A.无话可说 B.没有机会 C.得不到理解 D.家长爱生气 E.家长不可靠 F.家长讨厌我 G.难为情

3. 校园剧场

小亮在家

学生角色表演,说一说小亮面对父母唠叨所采取的方式有什么问题。

小亮放学回到家里,放下书包后打开电视机,津津有味地看自己喜欢的动画片。不久妈妈回来了:"亮亮,在干什么呢?写完作业没有……"妈妈一边换拖鞋一边问道。"一会儿再写吧。""快写作业去,快去呀!"妈妈话音刚落,爸爸也回来了。爸爸还没放好提包忙问:"亮亮,今天表现怎么样?还有……"爸爸还没问完,亮亮就不耐烦了,没好气地说:"不怎么样,还不是老样子!"然后继续看他的电视。

二 课程设计

【课　　题】唠叨里的爱

【年　　级】三年级

【主题背景】

　　随着年龄的增长,小学中年级学生独立意识越来越强,当强烈的独立意识与父母充满关爱的唠叨发生冲撞时,学生往往以自己的逆反行为来表示自己长大了,有时心里明知父母的唠叨是为了自己好,也会反感,觉得父母麻烦多事,甚至和父母产生摩擦。理解,是改善亲子关系的第一步。通过本次辅导活动,让学生感受到父母养育自己的不易,从而理解父母、体谅父母,正确看待父母的唠叨,共同探讨积极应对唠叨的好办法,从而改善亲子关系。

【活动目标】

　　1. 学生在体验中感受到父母养育自己的不易和培养自己的良苦用心,能正确认识自己与父母沟通上存在的不足。

　　2. 引导学生体会家长的良苦用心,通过换位思考,从父母的角度看待问题,从而理解父母。

　　3. 使学生初步掌握与父母沟通的一些方法与技巧。

【过程与方法】

(一)情境导入

　　1. 开场音乐:营造氛围,播放《春笋》视频。

　　2. 回忆真情:铺垫情感。

　　同学们,爸爸妈妈也在盼着你们健康快乐地长大。在你们的成长过程中,爸爸妈妈为你们付出了很多很多,让我们一起来回忆他们关爱我们的点点滴滴。

播放《你是否记得》视频。这些似曾相识的画面让你想到了什么？学生畅谈。

小结：爸爸妈妈把我们养大多不容易呀，他们要为生活奔波，要为我们操心，可能会有许多我们想不到的麻烦、苦恼和辛酸。

（二）锦囊妙计：《画画我家的座位图》

你注意过吗，你的家里通常是怎样坐座位的？绘制一张"我家的家庭座位图"。

在你的家庭座位图中，你通常是离着谁最近？你又离着谁最远？

这样的排序大致是从何时开始的？那时的你或者你的父母有了怎样的变化？

（三）调查问卷：《与父母沟通情况调查表》

（四）畅谈唠叨：宣泄不满

爸爸妈妈有那么多的烦心事，有时看到我们达不到他们的要求，难免会显得着急，有时就会不停地唠叨。你有过这样的经历吗？你的态度怎样？

1. 看小品表演：《小亮在家》。

2. 讨论：小亮为什么会烦恼呢？

3. 实话实说：在日常生活中，你们听了爸爸妈妈的唠叨后，心里是一种什么感觉？爸妈知道我们很烦吗？为什么知道了还会一而再，再而三地唠叨？他们唠叨什么？用意在哪儿？你感受到了什么？

（拿出并填好唠叨语大荟萃。）

唠叨语大荟萃

我父母经常唠叨的三句话是：

1. _____，她表达的意思是_____，我通常的回应是_____。

2. _____，她表达的意思是_____，我通常的回应是_____。

3. _____，她表达的意思是_____，我通常的回应是_____。

如果用一种新的沟通方式：耐心地倾听，站在他们的角度，理解家长的心情，我可以这样回应：

回应 1. _____。

回应 2. _____。

回应 3. _____。

（五）思考策略：头脑风暴

观看视频《妈妈唠叨之歌》。

讨论：唠叨在我们的日常生活中是不可避免的，所以有时就免不了会和爸爸妈妈之间产生一些摩擦，弄得他们不开心，自己也不开心，其实我们心里也不愿这样。商量一下：当自己的想法、做法与父母、长辈的愿望不一致时，你是怎么做的？面对父母的唠叨，我们最好怎么办？要学会用一种新的沟通方式来架起父母子女之间的感情桥梁。

大家各想各的主意，来一个头脑风暴，请小组同学填好唠叨语大荟萃，然后在众多主意中挑选出最好的两条，在全班交流供大家借鉴。

播放《爸爸妈妈谢谢你》的歌曲。

（六）谈说方法：笑迎唠叨

把各小组"头脑风暴"碰撞出来的两个好点子全班交流。

（1）安静聆听法；

（2）转移注意力法；

（3）自我讽刺法；

（4）解释说明法。

我们应该体会到父母唠叨背后所包含的关爱。孩子们，我们是幸福的，因为我们的父母都在我们身边陪伴着我们；虽然有些同学的父母身在外地，但我们同样能感受到他们用不同的方式爱着我们。我们要珍惜这份爱，让爱在我们的屋檐下延伸。

（七）老师小结：情感升华

在父母的眼中，孩子再大仍旧是孩子，我们就像父母心中的风筝，永远让他们牵挂。很多人长大以后对父母曾令人心烦的唠叨又有了这样的感受：

唠叨是浓浓的关爱；

唠叨是温暖的呵护；

唠叨是母爱的重叠；

唠叨是亲情的附加。

我们在生活中有时听不进父母的唠叨，有自己的想法，这很正常，说明我们在成长。如果父母的唠叨让你感到心烦了，受不了了，要记得用上今天

学到的好方法呦!

（八）真情表达：爸爸妈妈我想对你说

学生自由写。

全班真情交流。

从这一句句感人肺腑的话语中，老师感受到你们都是个懂事的孩子，感受到你们那份感恩的心。希望同学们把这感恩卡当作珍贵的礼物送给爸妈，相信他们同样能感受到你们这份浓浓的爱。

三 实践反思

通过视频课件的播放和交流，学生回忆起生活中一幕幕感人的细节，重温那份感动，感知父母的不易，为下面环节作铺垫。"画画我家的座位图""心有千千结"两个心理游戏，调动学生参与的积极性，排除学生的紧张情绪，创设一种开放、安全、温暖的氛围。校园剧场的角色扮演，让孩子敞开心扉，说出自己的真实想法。

调查问卷，让学生觉察感悟到了自己与父母沟通真实状态，引起反思，产生深入探究的自我需要。学生对这个话题很感兴趣，情绪非常高涨，尤其当采用"头脑风暴"时，给学生一个交流的空间，学生不断接收到新的信息和他人的反馈，学习应对父母唠叨的最佳方法。

探讨应对父母唠叨的方法时，学生思维灵活，出的点子非常多，通过生生互动，在思维的碰撞中，搜求多种应对父母唠叨的方法，在交流、筛选的过程中获得积极应对唠叨的方法，实现学生的自我教育，这对于学生的生活实践具有指导意义。最后，孩子们在比较熟悉的《爸爸妈妈谢谢你》的动画歌曲中结束本课，借助音乐的感染力触动学生的心灵，在爱的氛围中达到情感的共鸣与升华，让学生意犹未尽。

四 生活化链接

心有千千结：

1. 将全班学生分成若干个小组，每组 10 人，让每组成员手拉手围站成一个圆圈，各记住自己左右手相握的人。

2. 在节奏感较强的背景音乐中，大家放开手，随意走动，音乐一停，脚

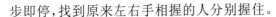

步即停,找到原来左右手相握的人分别握住。

　　3. 小组中所有参与者的手都彼此相握,形成了一个错综复杂的"手链"。在节奏舒缓的背景音乐中,主持人要求大家在手不松开的情况下,用各种方法,如跨、钻、套、转等(但手不能放开),将交错的"手链"解成一个大圆圈。

学会合理消费

青岛福林小学　王超

一 课程素材

1. 问卷调查

1. 你购买学习机时,影响你选择商品的主要因素有哪些?

A. 广告　　　　　　　　　B. 同学的推荐

C. 推销人员的解说　　　　D. 自己的需要

E. 其他

2. 你在购买商品时主要看重商品的:

A. 质量　　　　　　　　　B. 价格

C. 品牌　　　　　　　　　D. 外观

E. 其他

2. 设计意图

问题贴近生活,意图是引起学生对自己消费状态的思考,从而发现问题。联系学生的生活实际,引发学生思考如何学会消费、适度消费,提高理性消费能力和理财能力。

3. 故事宝库

盖茨的故事

盖茨和一位朋友同车前往希尔顿饭店开会,由于来晚了,一时找不到车位。他的朋友建议把车停在饭店的贵宾车位,"噢,这可要花12美元,可不是个好价钱。"盖茨不同意。

"我来付。"他的朋友说。"这可不是好主意,"盖茨坚持道,"他们超值收费。"由于盖茨的坚持,汽车最终没停放在贵宾车位上。

英国首相夫人谢丽的故事

和许多普通人一样,英国首相夫人谢丽也喜欢在网上购买自己喜欢的物品。有一次,一双很精致漂亮的凉鞋吸引了她的注意力。卖这双凉鞋的女士称,凉鞋非常漂亮,很适合在社交场合穿。这些话很快引来了17名有意购买者,在商场同样的凉鞋至少也要35英镑。最后,经过一番激烈的讨价还价,谢丽以15英镑买下了这双漂亮的凉鞋。

这些场景来自于学生的生活,会让他们感同身受,激发参与热情,并在帮助小伙伴解决问题的过程中提高自己的认识,获得持久的学习动力。

二 课程设计

【课　　题】学会合理消费

【年　　级】六年级

【主题背景】

我们参与社会经济生活,除关注国家经济建设外,主要表现于日常的消费和理财方面。

随着人们生活水平的提高,家长给孩子的零用钱也逐渐增加,而如何使用这些零用钱,学生大多比较随意。教学中结合学生已有的知识和实际体验,使学生在思想感情上认同和接受正确的消费理念。

【活动目标】

1. 了解随着社会经济的发展,人们的消费水平、消费选择、消费观念的变化;学会合理消费、管理钱财,提高适度消费、理性消费的能力。

2. 通过创设问题情境和对消费调查、生活实例及现象的剖析,在体验、思考和解决问题的过程中学会消费、学会理财。

3. 帮助学生理智对待消费,摆脱消费中的攀比虚荣心理,确立节俭消费观和绿色消费观,树立正确的价值观。

【过程与方法】

（一）引导学生做调查问卷（见课程素材1）

1. 教师谈话:"同学们,你们的消费情况是怎样的?我们来做一个调查

问卷,了解一下吧。"

2. 引导学生静心答卷,教师读一题,学生做一题。

3. 跟学生交流答卷中的感受,充分鼓励学生发言,可以采用随机叫学号的方式,让学生感受到发言机会平等,并调动每一个学生思考。信息收集中,教师要特别关注学习状态相对不积极的学生,用饱含期待的语言帮助他们建立发掘自己能量的信心。

(二)情景引入

1. 播放故事宝库课件。

2. 引导学生讨论:

随着我国经济的发展,商品越来越丰富,极大地考验着我们每个人的消费观。面对的选择越多,越是要求我们要学会合理消费。

3. 教师根据学生的发言提炼点拨:"看来在生活中,花钱不仅要花得值,还要花得精,要合理消费。"

(三)行动感悟

1. 教师讲述亲身经历。

记得有一次,几个同学和我聊天。一个同学说:"老师,有个问题想跟您请教一下,您看,这还不到月底,我的零花钱就花光了,我们班同学都叫我'月光族'。其实我的零花钱也不少,可是常常不知不觉就花没了,我都不知道花到哪里去了,怎么办呢?"还有一位同学说:"唉,我更糟糕,我常常透支,买回家的东西又贵又不实用,后悔死了,怎么办呢?"这两位同学说的话题很值得我们一起探讨。

2. 教师提问:请你帮这两位同学找找问题的答案。

讨论交流:什么是合理消费?怎样才能做到合理消费呢?

学生发表自己的看法,学生可能会说:要买需要的东西,买东西时要货比三家,不花冤枉钱。对比教师一律给予积极的肯定,并善于抓住学生的积极面表示赞同。

3. 手印游戏。

同学们要做到合理消费,就要了解自己的消费需求,下面我们来做个游戏帮助你来了解自己的消费需求。

(1)根据人数,分小组。每个小组分一个印泥。

（2）老师将白纸依次贴在黑板上。

（3）每个小组评选一个组长,并为自己的小组取名字。

（4）每个同学用食指蘸取印泥,将自己的手印印在本组的地盘上,老师说游戏开始后,各组成员行动。

（5）小组成员在自己的地盘上印手印。教师提醒孩子观察自己的手印的特点——大小、纹理,同时观察别人的指纹和自己的区别。

（6）在每个小组成员都印好后,老师将白纸倒转,并打乱顺序。

（7）然后让学生找出哪张是自己组的。

（8）谈自己的收获,分享感受。

（四）你有疑,我有招

1. 师生共同参与,解决问题。

2. 说说自己、家人或朋友的成功消费经历或消费心得。

小提示:请说明这次消费的原因、消费的过程、消费的结果并请用一句话概括他(她)消费的成功之处。

3. 走进生活:如果我有 500 元,小组讨论并派代表说出你们在假期的消费预算。

在前一个活动的示范作用下,帮助学生通过分析、总结自己或身边其他人的成功消费经历,并实时运用在自己身上,从而进一步体会合理消费,提高本课所学的实效性,并突出本节课的重点。

绿色消费知多少。通过对下列几个问题的思考来理解:(1)在购买食品时,你注意过有关标志吗?（2）你购买过过度包装的商品吗?（3）妈妈购买洗衣粉的事例。(4)说说你理解的绿色消费。

4. 学生分组进行讨论交流,自主解决问题。

播放故事宝库课件:

（1）引导学生小组讨论:同学们,这三位同学分别在学习中遇到了不同的问题,我们能不能帮帮他们找到好的方法呢?下面请大家群策群力,在小组里讨论一下。

（2）教师参与学生的讨论,集体交流各组找到的学习方法,并对学生积极的心理因素,给予描述性的肯定。

（3）根据学生的生成进行总结,适时提供“快乐点击”供学生参考。

（4）理论应用于生活：

你每个月的零花钱大约是_____元。

你的零花钱一般是这样安排的：

零食大约是_____元；学习用品大约是_____元。

是否有剩余？大约是_____元。

我认为理想的月平均消费额是_____元。

你对零花钱的安排是否合理，是否有改进的地方？

（五）总结提升

同学们，学习了这节课，你有什么感受？

对比课前的调查问卷，你有哪些新的发现？

课下，请同学们把今天学习到的学习方法用到自己的生活中去，感兴趣的同学可以画出这节课的"脑细胞"图，欢迎你们来找我继续交流。

三 实践反思

学会消费、适度消费是本课的教学重点，确立绿色消费理念是本课的教学难点。随着人们生活水平的提高，家长给孩子的零用钱也在逐渐增加，而如何使用这些零用钱，学生大多比较随意。教学中结合学生已有的知识和实际体验，使学生在思想感情上认同和接受正确的消费理念。要利用日常生活的实例与典型例子来解决本课的教学重点与难点。根据学生特点及已有的知识基础和生活经验，本节课运用了多媒体课件提供素材，使知识更直观，增强了学生的感性认识。为此，本课教学设计对教材资源和学生资源进行了挖掘与整合。一方面联系家庭消费实际，说明随着社会不断发展，人们消费水平的提高和消费观念的变化；另一方面，联系学生的生活实际，从"学生零花钱调查"结果的分析以及对社会生活实例和现象的剖析，引发学生思考如何学会消费、适度消费，提高理性消费能力和理财能力。

在本课教学中，教师要始终运用描述性的语言点评，以参与者的角度与学生进行平等交流，这也是本课的难点。本课旨在让学生以积极的状态参与到学习中，通过开课的调查问卷和学习之后回顾最初的感受，让学生真实感悟到自己的成长，同时，获得持久的学习动力和自信心，完整地达成本课的学习目标。

四 生活化瞭望

　　手印游戏:活动中,孩子们通过找小手印来发现自己是独特的;学生在活动后也畅谈自己的感受,从而进一步认识到每个人都有自己的特点,我们要认识自己,也应该接受别人和自己的不同。

　　引申到合理消费的内容中,引导学生认识到要根据自己个人的需要进行合理消费。

家，温馨的港湾

青岛德县路小学　关佳

一 课程素材

校园剧场

　　播放《相亲相爱一家人》的歌曲，教师通过课件呈现歌词，同时，一名学生进行朗诵：

　　家，是落叶可以回归的根，

　　是孤雁所能向往的巢，

　　是江河所能拥抱的海，

　　是航船所能依靠的岸。

　　家，是我们温馨的港湾。

　　之后，由两位主持人引入本课的主题。

　　女：家，一个多么亲切而又温馨的字眼啊！同学们，你们看，多么美丽的蓝天啊！你们知道蓝蓝的天空是谁的家吗？（白云）那清清的河水是　的家？（鱼儿）那大家看这儿（出示教室情景），你们知道这儿是谁的家吗？（我们的家）

　　男：你为什么认为四一班是咱们的家呢？你能说说吗？（学生自由回答）

　　女：是啊！我们的班级就像我们的家一样，每个同学都非常爱我们的家。每个同学和老师都是我们这个大家庭的成员，我们都是一家人。

二 课程设计

【课　　题】家，温馨的港湾

【年　　级】四年级

【主题背景】

　　经过和学生一年多的接触，发现虽然孩子在逐渐懂事，但是他们的主人翁意识较差。例如，每次做操或者放学的时候，学生总是在老师的提醒下,才去关灯、关窗,而很少是自己主动去做。因此,本课设计的目的就是为了培养学生的主人翁意识,让他们知道自己是班级的一员,要热爱班集体,能与同学们团结协作,愿意为班集体做贡献。

【活动目标】

1. 培养学生的主人翁意识,让学生知道自己是班级的一员,热爱班集体,团结协作,愿意为班集体做贡献。

2. 在活动中,学会与人合作,感受团结协作的快乐。

3. 增强班级凝聚力,培养积极向上的班风。

【活动方法】

情境体验法、故事感悟法、谈话交流法、问题讨论法等。

【活动准备】

1. 课前搜集一些自己为班级所做的好事及班级对你的帮助的事件,或者同学们团结协作的事例。

2. 搜集并排练一些与本节活动课相关的节目,包括诗朗诵、歌曲等。

3. 准备活动所需的道具和课件。

【活动过程】

（一）出示照片,引入主题

导语:同学们好！老师很高兴在这个秋高气爽的日子里,又一次和大家一起登上"心灵号"列车,开始我们的心灵旅程,你们开心吗？期待我们能再一次欣赏美丽的风景、感悟旅途中的快乐,我们一起出发吧！（课件出示班级同学们的活动照片）

刚才的风景美吗？你们都看见什么了？看到自己和同学们的照片,有什么话想说吗？（学生交流）

1. 引入主题。

导语:新学期刚开始,今后我们在一起的旅程还很长,我们大家将一起学习,一起游戏,一起比赛,一起感受失败的忧伤,共享成功的喜悦,今后的路我们将一起走过,不论是风风雨雨还是阳光明媚,因为我们是一家人。（板书:一家人）

（二）故事引路,调动情感

导语:心灵列车要载着我们这一大家人驶向第二站了,我们来听一个

有趣的小故事。

一位智者和他的徒弟正漫步于河边,智者问徒弟:"怎样才能使一滴水永不干涸?"徒弟疑惑不解,然后说:"将它托入掌心。"师傅笑着说:"非也,非也!将它投入大海之中。"

教师:多么聪明的办法啊!你们想到了吗?一滴水只有在大海中才能永不干涸。如果说我们班就是一片汪洋大海,那么在座的每位同学不就是大海里的一滴滴水吗?一个人只有在集体中才能发挥自己,一个集体也正因为有了我们才能发出光芒!

小结并板书:团结。

(三)角色体验,理解"互相关爱"

游戏:《紧急脱险》。

导语:在刚才帮助小徒弟出谋划策的时候,老师就感受到了大家对班集体浓浓的关爱,老师很感动,想和大家一起玩一个《紧急脱险》小游戏,继续我们第三站的心灵旅程,好吗?

1. 初次体验。

游戏规则:每个小组前面都有一个空酒瓶,这个酒瓶代表一座即将塌陷的城楼,里面放了四个用线拴着的粉笔头,它们代表四个"陷入危险境地的人"。现在请每个组选4个代表参加,在老师喊"开始"后,赶紧将代表你自己的粉笔头从瓶子里提出来。只有在老师规定的时间内提出来的人才算安全脱险了,不然,就只能算你"壮烈牺牲"了。而且这一过程的时间很短,只有5秒钟。

推选出小组代表参加比赛。

导语:激烈的游戏已经结束了,不知道同学们从刚才的这个游戏中体会到什么?能与大家分享一下吗?

请同学们谈谈自己的体会。

教师小结:对,从刚才的游戏中大家应该能体会到,在很多时候,需要大家团结起来,心中不仅仅想着自己,也要想想他人,想着大家团结一致,只有这样才能把事情做好。

(四)细数回忆,心怀感恩

导语:42名同学组成我们四一班这个大家庭,在这几年的生活中,我们有悲伤,有欢笑,有失败,有成功,共同走过了许多美好的日子,共同感受着

"家"给我们带来的无限亲切与温暖。同学们是不是有许多美好回忆,要和大家分享呢?

请同学讲述同学们之间团结协作、互帮互助的事例。

教师总结:看来,我们班有许多互相帮助、团结友爱的同学,有许多同学都接受过其他同学的帮助和关心,此时此刻,大家有什么话想对曾经帮助过你、关心过你的同学说吗?

我先来说说吧!(主持人表达感恩之情,并贴上感恩卡)

指名对同学表达感谢,并填写感恩卡,再贴上感恩卡。

导语:是啊!纵有千言万语也表达不完朋友之间互帮互助共同进步的纯洁的情谊。在大家的共同努力下,我们的昨天、我们的过去是如此精彩,我们学会了团结互助,学了感恩。正是有了每位同学的真心付出,真心地为班级做着每一件事,我们的班级才会建设得如此美好。让我们一起来歌唱我们的班集体,歌唱我们的家吧!(诗朗诵《歌唱我们的班集体》)

三 实践反思

1. 教师在上本节课之前,首先要搜集整理从开学到现在班级学生所有的活动照片。为了上好本节课,引起学生心灵的共鸣,为学生营造一个良好的课堂氛围,教师在平日就要做个有心人,随手拍下日常学习活动中学生在各个场景中的互相学习、互相帮助、团结做事的镜头,为第一环节"出示照片,引入主题"的导入奠定良好的基础。

2. 为了便于学生在本节课中参与活动,课前教师要改变学生平日的座位安排,使学生的活动空间较为充足,让学生更好地参与体验,特别是利于开展"紧急脱险"的体验活动。

3. 本节课中贯穿课堂始终的"心灵列车",教师可以用粉笔在黑板上画出来,也可以提前画在大板纸上,贴在黑板上。

四 生活化瞭望

如何让小学生更好地适应学校环境?

(一)把握好学生对老师的第一印象

一个孩子在入学以前主要是在父母的关怀教育下成长,进入学校以

后,教师成为他们生活中最重要的人物,孩子们很自然地渴望老师也像父母那样关心照料他们,体贴爱护他们,因此老师就要把握好学生对自己的第一印象。老师的衣着要得体大方,面带笑容,语气温柔可亲,如果能带点幽默,那就更好了。孩子们紧张的心情一下子就放松了,感觉这老师还挺不错的,进而喜欢上你这位老师,喜欢上学校的生活。

(二)通过各种方法使学生尽快融入集体中去

(1)由于是一年级新生刚踏入校门,同学们之间非常陌生,要让学生尽快互相认识,可以通过"找朋友"等有趣的游戏来进行。每个学生把自己的名字写在一张纸上,然后放进一个箱子里,请一位学生抽名字,抽到谁谁就上讲台,让他们互相介绍,以达到彼此熟悉的效果。

(2)培养学生的集体观念,加强学生的团结意识。首先引导学生知道什么是集体;要引导他们从实际认识到:小组、班级、少先队组、学校都是集体,祖国是最大的集体,我们都是集体中的一员。然后可以通过各种游戏来增强学生的集体观念。游戏有多种多样,一般多是全班学生集体参与进行的,具有一定的对抗性和竞争性。因此,通过游戏可以培养学生团结互助的集体主义精神。例如"拔萝卜"的游戏,明显地体现了集体力量大的道理。这个游戏既简单、容易掌握,又带有一定的趣味性。学生通过游戏深深地懂得人多力量大的道理。团结就是力量,学生玩得生动、活泼,也受到了思想教育。

(三)掌握好课堂40分钟,使学生在轻松的环境中学习

小学一年级的学生爱说、爱动,注意力集中时间短,精力易分散。因此教师必须利用多种方法,吸引学生的兴趣,让学生乐学,而不是苦学。

总的来说,小学一年级的新生在思想上、行动上还是处于"幼小过渡"阶段,教师必须加倍用心教育,只有这样才能使他们尽快适应学校的学习生活。

爱上成长的烦恼

青岛香港路小学　郑静

一 课程素材

问卷调查

（1）你的烦恼：A. 时常有　B. 有时有　C. 几乎没有

（2）你的烦恼主要来自：A. 自身　B. 同学　C. 父母　D. 老师

（3）你遇到烦恼时主要是：A. 闷在心里　B. 发火排泄　C. 告诉他人

通过课前下发的问卷调查，同学们有很多的烦恼，那你们也有这些烦恼吗？汇集信息，讨论交流，引导学生积极参与，自主、合作探究，你们愿意和你们的同桌诉说吗？通过调查研究、讨论交流法：引导学生充分发挥集体的智慧，自主学习、合作探究，共同分享合作的乐趣，感受成功的喜悦。

二 课程设计

【课　　题】成长的烦恼

【年　　级】六年级

【主题背景】

少年儿童在成长中遇到的不好处理的、难以解决的问题不应被忽视，这些看似小的问题，少年儿童解决了就成长了，不解决或是解决不好，就容易带来烦恼。长此以往，学生就会产生或大或小的心理问题。

【活动目标】

1. 不同的环境容易带来多种不同的情绪，通过教学，指导学生学会自我思考反思，理性应对不同的情绪。

2. 在日常的生活学习中，引导学生能够提高自我调整情绪的能力。

3. 通过教学，让学生明确，倾诉、倾听别人的烦恼，理解"烦恼"也是成长的一部分，学会积极面对人生。

【过程与方法】

(一)引出课题

1. 引出课题,制订方案。先播放美国故事片《成长的烦恼》(片段),学生畅所欲言谈感想。然后提出问题:你喜欢剧中的哪一个人物?说说你的体验。之后从家庭、学校、社会三个方面来说学生从小到大所受到的关爱和教育,进而说明学生在大人眼里是没有烦恼的。目的是激起说话的兴趣。在学生畅谈烦恼时,教师把学生比较集中的烦恼写在黑板上,梳理分类,划分小组,分配任务,制定小组活动方案,最后各小组汇报展示活动计划。通过刚刚播放的影片学生们都很感兴趣,也模仿影片中的主人公将自己的烦恼试图释放。

2. 引出问卷调查:

(1)你的烦恼:A. 时常有   B. 有时有   C. 几乎没有

(2)你的烦恼主要来自:A. 自身   B. 同学   C. 父母   D. 老师

(3)你遇到烦恼时主要是:A. 闷在心里   B. 发火宣泄   C. 告诉他人

老师指导学生通过采访家长、上网查询、查阅书籍等方式搜集资料。

(二)动手操作

"每一棵树的枝叶都是它的问题,但也是一棵树的全部。"(《读者》2008年第13期《有问题是因为活着》)

教师组织学生将自己成长中的烦恼有选择性地写下来,然后制作成烦恼的树叶,贴在墙壁上,相互交流学习生活中的烦恼。

学生1:我经常不完成作业。

学生2:妈妈经常说我做什么都慢。

学生3:同学们有时不理我,也不知我做错了什么。

同学们将刚刚诉说的烦恼都写在自己的心情树上,试图排压。

(三)活动实施

1. 首先,让各组成员通过各种形式展示自己的成果(如小品、音像资料等)。目的是让学生认识烦恼,化解烦恼,找到切实可行的解决办法,这样可以引导学生正确看待成长中的烦恼,让学生懂得烦恼伴随着我们的成长而来,它不可回避,也挥之不去,正是因为有了烦恼才有了我们长大的可能。

2. 其次是结合实际谈体会:设计几个问题:通过交流之后,你又会怎样看待以前出现的烦恼？找到了解决烦恼的方法你的心情怎么样？你有什么收获？设置最真实奖,让学生畅所欲言,将交流后的烦恼在班上和同学们进行交流。

以抽签的形式讲述自己的或者别人的烦恼,其他同学积极思考,给出合理的对策,讲得好的给予奖励,抽签开始:

甲:我的烦恼是学习压力太大,父母给予过高的期望,让我喘不过气来。

对策:压力是相对的,多培养下自己的兴趣爱好,这样可以将压力转移。

乙:我觉得我的名字很奇怪,每次别人叫的时候大家都会笑话我。

对策:名字只是个代号,不要太在意。

丙:我都 13 岁了,但是我的个头还是不高,我很烦恼。

对策:高矮不能决定一切,再说还有好多年可以长呢,多打打篮球,或多做与拉伸有关的运动,应该会有所帮助。

3. 进行情境研讨。出示情境:你的小学同学,曾经是你最好的朋友,后来他跟着他的家长调走了。有一天,他打电话说他有烦恼,与同学沟通很困难,不适应生活环境,希望你帮帮他排忧解难。

下面我们就做一个这样的练习,请你设身处地地想想他的烦恼,然后为他写一封信,帮助他化解烦恼。同时老师设计金点子奖,同学们都是智慧星,相信凭我们群策群力,会想出更有效的金点子来解决烦恼。比一比哪个组的同学介绍的金点子最多、最好。

4. 我们同学之间进行了一次心语沟通,互相坦白,真诚以待,那么你还有什么更想了解的？请学习小组确定一个最有价值的问题,向你最想了解的同学和老师提问。

（四）体验拓展

1. 我的烦恼是鞋子中的一个沙粒,它虽然很小,却是我前行中的一个障碍。

2. 我的烦恼就像夏天的骄阳,炽热下,我只好走在他人的阴影里。

3. 烦恼是大海中的一滴水,它可以折射出太阳的光彩。

这样的设计是对学生思维能力的训练,同时也是对写作能力的训练,

但是因为学生个体的差异,他们的表述也是各式各样的。

4. 布置作业:让学生以《成长的烦恼》为题,写一段文字,放入自己的成长档案中。

三 实践反思

1. 通过问卷及课堂上与学生的沟通交流,我们意识到烦恼对学生的身心发展有较大影响,特别有几个问题应引起老师的关注:

(1)有一部分学生在面对烦恼时采用消极或极端的应对方式。

(2)有部分学生在烦恼时找不到倾诉的对象。

(3)少数甚至没有学生在烦恼时会向老师倾诉,说明老师需要赢得学生的信任。

(4)学生还未形成有心理问题时寻求专业帮助的习惯,这方面的工作还任重而道远。

针对学生经常出现的这些问题,老师应该找出相应的解决方案,比如:及时发现有心理障碍的学生,进行心理上的沟通;老师应及时和家长沟通,去了解学生最近出现的问题,为学生排忧解难。学生因为家庭问题而产生的烦恼超出我们的预期。父母的家庭教育问题及单亲家庭等问题现在日益突出,教师应当加强与学生父母沟通及提供力所能及的帮助。

2. 在当今生活中,除了家庭问题,学习也是困扰学生的主要烦恼,我们在尽力指导、帮助学生取得优异成绩的同时,要意识到有一部分学习后进生的存在。对于他们来说好成绩也许是遥远的梦想。所以老师要转变观念,改变评价方式,尽可能为他们创设能够获得成功体验的平台,让他们明白"天生我材必有用",这样学习才不会成为他们永远摆脱不了的烦恼。对于这部分暂时落后的学生,老师应该多多与他们沟通交流,帮助他们改变心态,从而提高他们的成绩。

四 生活化瞭望

童年期的社会性发展

1. 亲子关系的发展:

第一,交往时间发生变化;第二,处理问题的类型发生了变化。到小学,父母更多处理诸如学习、做家务、同伴交往等问题。第三,父母对儿童的控制力量也在变化。有研究表明:第一阶段,父母控制(6岁以前),大部分重要决定由父母做出。第二阶段,共同控制(6～12岁),父母在一定距离内监督和引导儿童的行为,加强儿童的自我监督行为,教儿童知道何时寻求父母的指导。第三阶段,儿童控制(12岁以后),儿童自己做出更多的重要决定。

2. 同伴关系的发展:

同伴交往是儿童社会性发展的重要途径。正常的同伴交往不仅可以满足儿童归属感的心理需要,还可以促进他们的人格和社会认知的发展。

(1)同伴交往中儿童的人气特点。

① 受欢迎的儿童一般是学习成绩好;有主见、独立活动能力强;热情、乐于助人;善于交往并易于合作。

② 不受欢迎的儿童通常具有攻击性,不友好;不尊重同伴,缺乏合作精神;常出些不良主意和恶作剧。

③ 受忽视的儿童多表现为退缩、安静;有依赖性或顺从性;既不被同伴喜欢,也不被同伴讨厌。

影响儿童是否受欢迎的因素有多种,基本的还是儿童本人的社会交往能力,因此,教育者要培养儿童的社会交往技能,掌握同伴交往策略,指导儿童改变影响同伴接纳的缺点,改善人气特点。

(2)儿童伙伴集团的形成。

① 依从性集合关系期(小学一年级)人际连结关系首先是教师。

② 平行性集合关系期(二年级开始)开始按照接近关系、外在因素相似性以及个人需求的类同行等组成团伙并经常在一起活动,于是出现与伙伴协同的社会交往趋势。

③ 整合性集合关系期(小学五六年级)伙伴关系依从期的高峰期。他们对父母和教师的依从关系明显下降,更注重的是朋友之间共有的价值观,更关注自己在同伴中的威信和地位,更重视同伴对自己的评价。这个时期,各伙伴集团均以班集体为中心形成大的团体,儿童的班级团体意识更强,共同遵守班级行为规范,维护班集体的荣誉。

用积极的心态迎接中学生活

青岛福林小学　常崑

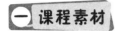 **一 课程素材**

故事宝库

　　从前有两个推销员到非洲去推销皮鞋。第一位推销员看到偌大的一个非洲,居然没有一人穿皮鞋,大失所望,想:这里的人都不穿皮鞋,没有皮鞋市场,回去吧! 他沮丧地回去了。第二位推销员一看,好呀,这里还没有一个人穿皮鞋,只要其中的部分人穿,就有一个很大的市场。这里很有市场潜力! 他留了下来,精心制作了许多广告。人们看到广告上的人穿着锃亮的皮鞋,显得非常潇洒,纷纷询问哪里有皮鞋出售。这个推销员的皮鞋销售越来越红火。

二 课程设计

【课　　题】用积极的心态迎接中学生活

【年　　级】六年级

【主题背景】

　　六年级学生即将告别小学生活,也即将告别有关小学的认知世界,同时,有关初中的认知世界尚未开启。学生在成长的转型期,既有对成长的喜悦,更多的是对成长的迷茫甚至惶恐,与之相关的诸多心理问题由此而生,如果不因势利导,必将在行为上偏离正确的轨道。本课旨在引导学生理性地看待成长并且以积极的心态对待成长中出现的诸多问题,帮助学生顺利完成从小学(儿童)到初中(青年初期)的过渡,尽早适应初中生活。

【活动目标】

　　1. 了解中学与小学的不同之处,包括同学、老师、环境、课程等方面发生的新变化。学生认识到在有充分思想准备的情况下进入中学,会比较容易进入状态。

2. 学生了解进入中学前应做好哪些思想准备工作。面向新的学习生活,学会适应新的学习环境,提高生活适应能力。

3. 充分认识在自己面前的初中生活会出现的各种新变化,尽快调整好自己的心态,以新的精神面貌迎接新的学习生活,培养学生良好的心理素质和积极的心态。

【过程与方法】

（一）导入新课

上课之前,先请大家听一个小故事。这个故事说明了什么? 大家谈谈自己的看法。

我们小学阶段的学习生活就要画上句号了。接下来迎接你的是一个新的阶段——中学阶段。虽然从形式上看只是从一个校门走进另一个校门,但这却是一个重要的转折点,摆在你面前的要求将越来越多,越来越高,你,做好准备了吗?

我们以后所处的环境是什么样的环境呢? 大家会不会有这样的感受:初到一个地方,没有一个朋友,同学显得陌生,老师好像也不关心自己,感到孤独。如果有,该怎样对面对?

明确做好充分的思想准备进入中学,会比较容易进入状态,否则既浪费时间,又会对学生的心理产生不良的影响。那么,进入中学前需要做好哪些思想准备呢? 你们知道中学和小学的区别吗? 你最关心哪一个方面?

（二）学习新课

1. 游戏:找不同。

请大家看看课件上的这两张图,仔细看看,它们有什么不同,不同在哪里呢? ……有没有同学看出来了,(展示幻灯片中的两个图片)没错,它们的不同就在这些地方。这是一个很细微的区别,需要我们细心去观察。法国著名雕塑家罗丹说过:生活中不是缺少美,而是缺少发现。走进一个新的、陌生的环境,你看到了什么,发现了什么新鲜有趣的事物呢。让我们一起去观察,去发现。

2. 校园藏宝图:

大家都到中学进行了访学活动,有没有发现与我们学校有什么不同的

地方呢?现在我们以四个同学为一组,大家一起说说你们到学校的见闻,然后在纸上标示你们对学校有关情况的了解。我们将请各组的代表向全班同学介绍你们的"校园藏宝图",看哪个小组的"校园藏宝图"设计得最有创意。

第一步:以小组为单位交流,同学们将自己在学校所见到的"宝贝"拿出来分享,如学校的历史、娱乐设施、厕所、图书馆、心理辅导室等,并说说自己的感想,小组合作绘制一张图文并茂的"校园藏宝图",教师在各小组间巡回,给予引导和鼓励同学发言。

第二步:每组选派代表向全班同学介绍本组的"校园藏宝图",比比看哪个小组的"校园藏宝图"设计得最有创意。教师鼓励同学提问和回答或者教师选择问题向同学提问,并引导和补充同学的回答。

第三步:教师小结。

同学们到中学参观了半天,短短的时间内就了解了这么多的信息,让老师有点惊讶。大家可能都会有这样的感觉,陌生的环境常常给我们带来种种的不便与不安,而如果我们花点时间去认识它、了解它,不但能在新的环境中找到"回家"那样的轻松自如的感觉,更快地适应新环境,而且能了解到新的环境中的种种资源,以便今后充分利用这些资源。

第四步:组织学生围绕"中学与小学的差异"分小组讨论并指导学生着重从"开设的课程、上课时间、学习特点"等方面探讨中学与小学的不同之处。

3. 你即将成为一名中学生了,做好足够的心理准备了吗?有些什么具体的打算?请写下来。

4. 总结:

让我们以自信、自强、乐观、开放的心态来适应初中学习的新环境,迎接初中学习的新挑战,开创我们美好的未来!中学是人生道路上的一个新的起点。从这个起点开始,我们将在新的校园里学习、生活,认识新的老师和同学,这个新的学校有许多的东西需要我们去观察、去了解、去认识,在了解、认识的过程中我们会更好地适应这个新的环境。我相信,只要我们不懈努力,我们的明天会更好。新的学校、新的生活、新的开始,请大家跟我一起说:我能行!

背景音乐:《明天会更好》。

三 实践反思

从心理学的角度来看,同样的内容,采用学生感兴趣的方式,学生接受起来会更加乐意和主动。心理健康教育课的重点在于活动中的体验,绝不能为了活动而活动,活动应该有主题。心理健康教育课也应该坚持一个核心,并围绕这个核心,"行散神不散",着重培养学生最基本的心理素质,让他们学习和体验到对自己的终生发展有价值的核心观念。心理健康教育课成功与否,在很大程度上取决于学生获得的心理体验和感悟程度。学生总是非常关注他人在同一问题上的表现,喜欢聆听他人的"故事"。在课堂上,我经常会给同学们讲同龄人的"故事"。试图让学生明白这些问题别人都有,自己有也是很正常的,并相信这些问题可以解决,进而学习和掌握方法。其实学生在聆听的同时,也在审视自己。心理剧的创设,其初衷是让角色扮演者体会其中的情境冲突,在冲突中宣泄自己、发现自己、改变自己。这大大地提高了同学们的主体参与性,使他们有机会发挥自己的创造性和想象力,及时地运用课堂所学去解决问题,从而不断地调整自己,不断地成长。

四 生活化链接

心灵绘画:《我的自画像》。

活动道具:彩色笔和 16 开大小的白纸。

活动程序:

1. 主持人发给每位参与者一张 16 开大小的白纸,把彩色笔放于场地中央,供需要者自由取用。

2. 在 8～10 分钟内,每人在白纸上画一幅"自画像"。

3. 小组内交流"自画像"的含义,同组成员可以提出质疑。

4. 主持人发现典型的案例做全班分享。

注意事项:

1. 主持人可以暗示大家,"自画像"可以是形象的肖像画,也可以是抽象的比喻画;可以是一色笔画成,也可以是多色笔画成。

2. 有的学生会因为自己的绘画技能差而感到为难,主持人要提醒大家本游戏不是绘画比赛,只要求大家画的内容、形式等形象地反映对自我的认识。

3. 主持人寻找典型案例时,可以关注"自画像"的大小、位置、色彩、内容等,还可以关注在画"自画像"和交流时的神情。

第二单元　自我发展

　　自我意识是指如何看待和感受自己。"我是谁?""我是怎样的人?""我为何和别人不同?""我是否接受自己?""我如何改变自己?""我的将来会怎样?"生活中,同学们常常会这样问自己,这些都是认识自我。

　　你知道吗? 成功、快乐的起点,就是良好的自我认识。因为,一切幸福和快乐来源于"自我"而非外界。

　　德国著名作家约翰·保罗认为:"一个人的真正伟大之处,就在于他能够认识自我。"可见,生活中,能够正确地认识自我,也并不是那么容易。

　　本单元我们从"认识自我""觉察自我""悦纳自我""关照自我""调节自我"和"发展自我"六个主题,引导同学们了解心理调节方法,培养积极乐观、健康向上的心理品质;在生活中更好地爱自己,促进自我身心和谐可持续发展,形成健全的人格,幸福成长。

我是独一无二的

青岛朝城路小学　崔倩

 课程素材

1.锦囊妙计

猜猜"他"是谁

　　课件播放:马、牛、鸟、狗、猫、青蛙等动物的声音。让孩子们自己去猜这种叫声是哪种动物发出的,从而直观感知每一种动物,它们的叫声都是独特的。再让几位学生发出笑声、叹气声、朗读词语声,让同学们猜测这是班级中哪位同学的声音。让学生直观感知不仅每一种动物的声音不同,而且每个人的声音也是独特的、不同的。

2.绘声绘影

双胞胎的秘密

　　视频展示双胞胎姐妹的形象。引导学生感知绝大部分同学的外表都是与众不同的,相互之间的相似度不是很高。可是生活当中也有这样一些人,他们外貌的相似度是非常高的,如双胞胎、多胞胎。继续观看视频,通过双胞胎姐妹对于自己的兴趣、爱好、性格等方面的介绍,感受双胞胎外表相似,但他们的内心世界是不同的。

二 课程设计

【课　　题】我是独一无二的

【年　　级】四年级

【主题背景】

　　四年级是小学阶段儿童成长的一个转折期。这个时期的孩子的年龄是9～11岁,处在儿童期的后期阶段。大脑发育处在内部结构和功能完善的关键期,是培养学习能力、情绪能力、意志能力和学习习惯的最佳时期。

四年级,在小学教育中处在从低年级向高年级的过渡期,生理和心理特点变化明显,孩子开始从被动向主动转变,越来越希望了解自我,认识自我。我们希望更好地利用孩子成长的关键时期,开展《我是独一无二的》班级心理辅导,激发学生积极表达自我的冲动,引导孩子感知每一个生命个体的"独特",初步形成对自我的正确认识。

【活动目标】

1. 认识到每一个人在外貌、性格、兴趣、语言等方面都有自己的特征,从而增进对自己的认识和了解。

2. 体会到每一个人都是独一无二的。

3. 懂得珍视欣赏自己,也珍视欣赏别人。

【过程与方法】

(一)热身活动

心灵约定:

主动参与,真诚分享;

课外保密,尊重他人。

课件播放声音:

1. 听声音猜动物。听,这些都是哪个动物的声音?

2. 你们真棒,仅仅通过听声音,听这些动物的叫声,就猜出了马、鸟、牛、狗这些不同的小动物。现在,如果让你仅凭听到某位同学发出的声音,能否猜出他(或她)是谁呢?

(二)活动感知

1. 今天我们先来做一个游戏——"猜猜他是谁"。

(1)教师解释游戏卡片的使用:请几名同学上台来,背对着大家站好。座位上的同学在老师的指挥下按照卡片上的要求发出笑、叹气等各种声音。台上的同学猜一猜,刚才的声音是属于谁的。

(2)游戏小结:请台上的同学说一说,猜对了几个同学?请座位上的同学说一说,被几个同学猜中了?

(3)采访台上猜对的同学:你是怎么猜对的呢?

心灵感悟:同学们能猜出别人或者能被别人猜出来,是因为每个人说话、笑、唱歌等等方式都是独特的,都是不同于别人的。

2. 现在,请你照照镜子,看看镜子中的自己是不是和其他人都不一样?每个人都是独特的,谈一谈自己和别人不同的地方。

3. 学生分享。

4. 心灵感悟:我们每个人都是独一无二的。

(三)深度体验

1. 生活中是不是人人都是如此呢?老师昨天在回家的路上碰到了两个小姑娘,老师感觉她们真的是一模一样啊!

(1)出示课件:双胞胎姐妹的图片。

让学生在看图之后说出自己最真实的感受。特别请有不一样的意见或者有疑惑的学生来表达。

(2)看到同学们这么喜欢她们,这对双胞胎姐妹有话想对同学们说。视频出示:双胞胎姐妹的自述——

同学们,大家好! 我们俩是一对双胞胎姐妹,很多人在见到我们第一面的时候都会说:"你们俩长得太像了!"你们是不是也觉得我俩长得很像呢?有的时候连我们的家里人都会被我们两个相似的外貌搞糊涂。下面就让我们来介绍一下自己吧。"

姐姐:"同学们,我是双胞胎里面的姐姐,我是一个安静内向的小女孩,平时我最喜欢的就是自己画画、看书了!"

妹妹:"哈喽! 各位好! 我是双胞胎当中的妹妹,我是一个活泼可爱的小女孩,我每天最喜欢的事情就是听着音乐跳舞。"

2. 通过彩笔涂色活动认识自我。

(1)我们来做一个彩笔涂色的活动,这个活动能够让你看见自己喜欢或不喜欢的,擅长或不擅长的事情,帮助我们"认识自己"。

出示课件:A4纸上给我们呈现了很多种不同的兴趣爱好,根据自己的兴趣、爱好和擅长程度涂色。

兴趣很大或非常擅长的,涂红色;

兴趣一般或比较擅长的,涂黄色;

兴趣很小或不太擅长的,涂蓝色;

没有兴趣或根本不会的,涂绿色。

A4纸呈现如下内容:

看书、品尝美食、听音乐、打篮球、踢足球、骑自行车、放风筝、画画、爬山、游泳、玩电脑、跳绳、种花、养宠物、玩拼插玩具……

如果你还有什么纸上没有呈现出的兴趣爱好,可以填写在纸的空白处,并且涂上颜色。涂好的贴在小组的展示板上。

（2）涂色展示。

观察每个同学涂色之后的 A4 纸,说说你有什么发现?

心灵感悟:我们发现,每个人的兴趣、爱好和擅长的事情都是不同的,没有两张是完全相同的。

（3）介绍"自己"。

谁愿意上台来,把自己平日的兴趣爱好特长介绍给同学们,让大家更加了解你?

按照这样的方法,在小组当中交流一下自己吧。按照顺序轮流介绍一遍。

（4）欣赏他人。

听了别人的介绍,你最欣赏谁的什么爱好填写在欣赏卡当中。

① 听了你们小组同学的介绍,你欣赏别人的哪些爱好?

欣赏别人时,你有什么感受?

② 别人欣赏你的哪些爱好?

你被别人欣赏的时候什么感受?

3. 现在的你有了什么样的感受?

心灵感悟:"世界上没有两片相同的叶子",同样,世界上也没有两个完全相同的人。每个人都有自己的独特之处,无论是外貌、表情、动作、脾气、性格、兴趣、特长,还是对别的事物的看法。同学们,你知道自己在这些方面的独特之处吗?你了解自己与他人的不同吗?

（四）总结激励

这节课上,我们看到了同学们都认识到了自己的独特之处。也许,你在某些方面跟别人有相似的地方,但你是任何人都无法替代的。没有人是完美无缺的,但是我们每一个人都是独一无二的。

我们在欣赏自己的独特之处的同时,也欣赏了别人的独特之处。其实欣赏自己、欣赏别人都会给我们带来美好的感受。所以,我们可以爱自己、欣赏自己,同时也可以爱别人、欣赏别人。

三 实践反思

在学生的生活中,游戏是孩子喜闻乐见的一种方式,也是孩子最容易接受的一种活动,所以通过游戏环节的设计进行导课环节,充分调动了学生学习的积极性,让学生能够在身心放松的情况下走入心理健康教育的课堂。此外,选择同班同学的声音作为辨别的对象也是基于学生之间有着比较多的了解,为本课的教学内容做好了充分的铺垫。

从生活中引出"双胞胎"的例子,这样的孩子在外貌、身高、衣着等外在方面有着极大的相似程度,容易混淆低年级孩子对于独一无二的认识。可能会有个别学生了解双胞胎的在性格、爱好等方面会有不同之处,教师表扬学生平日生活中善于观察生活,然后引出双胞胎姐妹的自述;也有可能学生都被双胞胎姐妹的外在方面的相似程度混淆,认为她们是完全一样的两个人,那么也可以相机引出双胞胎姐妹的自述,引导学生全面地去了解别人。

通过贴近生活、合乎人性的教育,让学生成为健康人。让他们既能承受生活的压力与痛苦,也能创造生活的品位与乐趣。在奋发有为的人生旋律中去把握生活的节奏与和谐,学会用健全的人格去应对复杂的社会生活,使自己的生活充满生机与活力。

在学生们平日的生活中,他们对自己的自我评价一般聚焦于自己的优点,而在评价别人的时候,更多的关注对方的缺点和不足,甚至演变成了互相"挑错"和"指责"。心理学告诉我们,正确评价自我和别人是认知自我能力的重要因素。课堂当中,学生在认识自我、珍视自我的时候,我们也可以去欣赏他人、珍视他人,引导学生客观公正地评价自己和他人,对于学生认识自我、认识他人,正确与人交流大有益处。

四 生活化瞭望

自我认识是主观自我对客观自我的认识与评价,自我认识是自己对自己身心特征的认识,自我评价是在这个基础上对自己做出的某种判断。正确的自我评价,对个人的心理生活及其行为表现有较大影响。如果学生对

自身的评价与他人对自己评价过于悬殊,就会使他与周围人们之间的关系失去平衡,产生矛盾,长期以来,将会形成自满或自卑,将不利于学生心理上的健康成长。

《中小学心理健康教育指导纲要》指出,要帮助小学中年级学生了解自我,认识自我;初步培养学生的学习能力,激发学习兴趣和探究精神,树立自信,乐于学习;树立集体意识,善于与同学、老师交往,培养自主参与各种活动的能力,以及开朗、合群、自立的健康人格。

自我认识是一个人在社会化过程中逐步形成和发展起来的,是个体对自我所有的思想、情感和态度的综合。自我认识积极的人在人群中感到安全自信,能够较客观地认识自己,并以肯定的态度接纳自己。既能接纳自己的长处与发展潜力,也能接纳自己的缺陷、不完美与有限制,欣赏“我就是我这个样子”。

要引导学生自我知觉的统一。首先,鼓励学生积极探究自我,将认识和了解自己当成一件乐事。其次,帮助小学生正确认识生理自我和心理自我,并要接受生理和心理上的自我,不断积累自我经验,使现实自我与理想自我相统一。

多姿多彩的我

青岛金门路小学　卢芳

课程素材

1. 锦囊妙计

印指纹

现在我们来画一幅独特的画,把大拇指的指印印在老师发的作业纸的(树上)画框中,观察一下它的大小纹理,通过观察发现每个人的指纹画都不相同,从而感受到自己是独一无二的。

2. 绘声绘影

《我真的很不错》

没有时间再无谓的承诺叹息

让太阳晒一晒充满希望的背脊

迎着世界的风

我要无畏地挺立

对于必须做的事

我一点都不怀疑

要做就做最好的

不要明天才说真的可惜

我知道我能做到的

就是不停不停不停不停不停不停地努力

哦我真的不错我真的很不错

我的朋友我想骄傲地告诉你

哦我真的不错我真的很不错

二 课程设计

【课　　题】多姿多彩的我

【年　　级】四年级

【主题背景】

罗杰斯认为:"自我意识是人格形成、发展和改变的基础,是人格能否正确发展的重要标志。"小学四年级学生自我意识凸显,个性意识增强,有的学生常以自我为中心,觉得自己处处都好,自高自大,非常高傲;有的学生看不到自己的优点,认为自己一无是处,常感自卑,这些都影响了学生的身心发展;为此,有必要通过《多姿多彩的我》心理辅导课,引导学生从多个角度去全面地认识和了解自己,对自我认识更加客观、完整,接纳真实地自我,学习生活中充满信心做最好的我。

【活动目标】

1. 引导学生正确认识自己,发现自身优势,也认识到自身的弱势,接纳真实的自己。

2. 引导学生在扬长优势中提升,在承认弱势中学习,不断发挥潜力完善自我,做最好的我。

3. 引导学生面对学习以及生活中的困难,运用积极的自我暗示"我能行",增强自信心。

【过程与方法】

（一）独一无二的指印画

1. 把大拇指的指印印在画框中,观察一下它的大小纹理。

2. 请和小组中的同学对比欣赏一下,看看有什么发现?

有句名言是这样说的:"世界上没有完全相同的两片叶子。"从刚才的活动中,我们也可发现这一点:没有哪两个人的手指印是一样的,就像指纹是我们每个人的另一个身份证一样。是啊,每个人都是独一无二的。

（二）心中的自己

1. 音乐静想:请你闭上眼睛想象一下,面前放着一面镜子,看到自己,最喜欢身体中的哪部分呢?镜子中的自己快乐吗,还是有别的情绪,从脸上能看出来吗?还需要什么呢?

2. 画画自己。拿起手中的笔,把刚刚看到的自己画出来。不要在乎画的是不是像,可以随自己的意识,用任何的形式来绘画出自己,想怎么画就怎么画,喜欢用什么颜色就用什么颜色,只要能表现你自己就好。

3. 小结。每一幅画都很可爱,每一个孩子都很可爱,你们都是独一无二的,不可替代的。

(三)甜甜红苹果——我是最棒的

1. 说出自己的优点。

(1)每一个人都有很多的优点,请你大声地说一说,当然你的优点肯定不止这些,多多益善。

例如:我最喜欢我的外貌,我身体的_____部位长得好看。

我擅长_____技能,我喜欢我。

我最喜欢我的性格,我性格中的_____(哪些方面)最好。

心灵感悟:每个人都有自己的优势,欣赏自己、相信自己,我们都是与众不同的。

2. 发现同伴的优点。

(1)发现自己的优点会让我们更爱自己,那其他同学身上的优点你也能看到吗?现在请大家在小组中来做一个优点轰炸的游戏,真诚地找出同学的优点并互相评价,说得越具体越好。

(2)你听了以后有什么感受呢?那赶紧把自己的这些宝贝收藏起来吧,将他们记录在"红苹果"卡,将它们贴在属于你自己的成长树上。

知道自己这么优秀,是不是更有自信呢?

心灵感悟:在世界上成功开始于一个人的美好愿望,取决于一个人的心理状态。如果你认为你是出色的,那么你就是出色的。

(四)酸酸绿苹果——我也有不足

人毕竟不是十全十美的,你有没有这样的感觉:有一些事情,尽管你付出了努力,但结果还是没有如你所愿,有些事总觉得你现在还不能做到,现在还不能做好?你有吗?

(1)我的绿苹果——现在对自己不满意的地方。

①请把你"现在还不满意的方面"写在"绿苹果"卡上。

"我对自己现在不满意的地方:_____。"

② 分享交流。谁来说说"现在对自己不满意的地方：_____"

③ 心灵感悟。是啊，这些现在不满意的方面，如同一个个等待成熟的绿苹果。刚才每个人都从多个角度去全面地认识和了解自己，对自我认识更加客观、完整。优势和不足都是我们的一部分，构成了独一无二的我。每个人接纳真实的自我，珍视自己优势，善待自己的不足，不苛求自己的完美。

（2）绿苹果也会成熟——我还需要努力。

① "金无足赤，人无完人"，每个人既有自己的长处也有不足的地方。有优势也有弱势，这才是真实的自己。承认自己的不足，意味着进步的开始。对自己不满意的地方，怎样做就能提升和完善？

② 交流分享。同学们可以借用"如果我……（怎么样做），就能做到……（什么事或做到什么程度）"这个句式说一说。

③ 这些事只是我们现在暂时还做得不够好，经过努力，一定也会更好哦！这时再看看绿苹果，你觉得你的这个绿苹果怎样？还是像刚才那样酸涩吗？

④ 心灵感悟：其实无论优势还是不足都是我们的宝贝，优点让我们看到自己的成功，现在不满意的方面可以帮助我们找到进步的方向，就像有一天绿苹果也会成熟一样。不断努力，就可以让自己不断提升，更加完善！它们共同组成了多姿多彩的"我"。

（五）酸酸甜甜都是我——悦纳自己

看着这棵硕果累累的果树你想对红苹果说些什么？又想对青苹果说些什么？

现在，请看着你一直喜欢的优点，默默地对他说：我更加喜欢你了……我越来越喜欢你。此时，你的感觉越来越美妙，在音乐中犹如乘着风的翅膀越飞越高。

心灵感悟：每个"我"都很独特，每个"我"的生命都充满阳光！爱自己，接受"我"的优点与不足，相信"我"会越来越棒！

三 实践反思

我将"酸酸甜甜就是我"的活动穿插于整个课堂之中，学生联系生活中自己的表现，在活动中觉察自我，肯定自我，也发现了完善自我的目标。

本堂课氛围轻松积极,学生通过"甜甜红苹果"感受到来自自己和他人的肯定,感受到快乐、自信;通过"酸酸绿苹果",发现自己目前存在的缺点。然后通过"换个说法"的暗示训练,发现其实现在的缺点正是我们要努力的方向,可以促使我们不断前进,也有好处,大大增加了自信;在"酸酸甜甜都是我"这个环节中,通过启发学生和自己的优点与缺点对话,引导学生内省,这个过程中激发起学生的内在动力,悦纳自我。

四 生活化瞭望

认识自己的重要性

青少年要学会按照不同角色和不同要求,适时地去调整自己的行动。并且还要能够树立起自己远大的理想和抱负。还要从自己的实际情况出发,确定自己的一生所奋斗的目标。所以认清自己是很重要的。下面是犹太家长经常给他们的孩子讲的几个故事,孩子们从这些故事中能够逐渐地体会到正确认识自己的重要性。

阿西莫夫原来是一个科普作家的同时还是一个自然科学家。一天上午,他正在打字机前打字的时候,突然意识到一个问题"我不能成为一个第一流的科学家,却能够成为一个第一流的科普作家"。于是,他几乎把全部精力都放在科普创作上,最后终于成了当代世界最著名的一位科普作家。

在刚开始的时候,伦琴学的是工程科学,然后在一次影响下,做了一些物理实验,逐渐体会到,这就是最适合自己干的行业,到后来他成了一个很有成就的物理学家。

在大学时候,爱因斯坦的老师佩尔内教授有一次对他说:"你在工作中不缺少热心和好意,但是缺乏能力。你为什么不学习医学、不学习法律或哲学而要学习物理呢?"幸好那时爱因斯坦能够很正确地认识自己,他深知自己在理论物理学方面有足够的才能,所以才没有听那个教授的话。不然的话,他就不会在物理科学这一方面取得这样非凡的成绩了,而且现在的物理科学也不会有今天这样的成绩了。

本文选自《犹太人的家教圣经》

任何一个人,都要对自身的形象、自己的身体外观、优点和不足、品德

和才能、过去和现状、特长和不足还有自身的价值和责任,有一定的认识。每个人对自己的认识与客观自我常常会出现一些差异。有些人看到自己很多问题,但却看不到自己的优势长处;有的人能够看到自己的优点和长处,但是却看不到自己的弱点和不足。所以,一个人要能够对自己有正确的认识,也是和自己对客观世界的认识一样,需要有更多的了解和学习的过程。

我喜欢我

青岛燕儿岛路第一小学　金继翔

 课程素材

锦囊妙计

"以水为镜,以沙为镜"

以水为镜——借助生活中的水,作为镜子让学生随着盆里的水慢慢地平静下来,然后仔细观察水中的自己。通过"水镜"不仅让学生平稳自己的情绪,并且将学生引入到课堂内容中去,再以倒影中的微笑让学生喜欢自己,进入悦纳自我的旅程。

以沙为镜——学生们选择代表自己此时此刻状态的沙具,沙具也可以是平时身边喜爱的物品,仔细去观察沙具的细节,去体会和感受它带给自己的想法和感受。通过"沙镜",让学生意识到当自己面对困难时,手中的沙具能帮助到自己去悦纳自我,进一步帮助自己战胜困难和迷惑。

二 课程设计

【课　　题】我喜欢我

【年　　级】五年级

【主题背景】

世界上的每一个人都是独特的,大家都有各自精彩的方面以及暂时不完美的表现。而每个人都需要发自心底地喜欢自己,悦纳自我。作为五年级的学生,即将迈入人生中最重要的成长阶段,心理上也会面临着波动。在这个时期,五年级的学生如果能够发自内心地喜欢自己,学会如何去悦纳自我,将会帮助他们更好地成长自我、完善自我,为他们今后的幸福人生打下坚实的基础。

【活动目标】

1. 领悟真实的自我有优势和不足两个方面,不仅喜欢自己的优势也要

悦纳自己的不足。

　　2. 从沙盘和绘画中找到接受自我、悦纳自我的方法。

　　3. 真正喜欢自我、悦纳自我,发现自身的价值,培养调整自我的能力。

【过程与方法】

（一）导入"悦纳自我"

　　1. 上课伊始,从老师的笑容和肢体语言中,使同学们感受到一种轻松愉快的上课氛围,为后面的课堂做好铺垫。

　　2. 老师提出了一个很"简单"的问题让同学们去思考——我喜欢我吗? 同学们在这种"咬文嚼字"的语境中进行思考外,也引入本课的主题——我喜欢我。

（二）寻找"悦纳自我"

　　1. 提问:在我们的远古时期,在没有"镜子"的年代,人类是如何知道自己长什么样子的呢? 有同学回答,如果回到那个时候,就只能通过水的倒影来认识自己了。

　　2. 随着盆里的水慢慢地平静下来,同学们的心情也伴随着水的平静而平静。大家细细打量着水中的自己,并且对着水中的自己微笑,将在水里看到的以及此时的内心感受留在心里。

　　3. 伸出双手,观察自己的每一根手指。手指各有长短,作用也各异。双手如此,每一个人也是一样,相貌、性格、爱好各有不同。就是因为这样的不同,每一个人有独特的人生价值,能够展示出各自的精彩。

　　4. 从自己给予自己的微笑中进入了"我喜欢我"的旅程,并在观察中认识到自己独特的精彩。

　　（1）旅程的第一站:甘之如饴的"优点树"。老师让同学们努力发掘自己身上的优点,无论大小,只要是自己身上的闪光点就可以。大家互相启发,前所未有地发现了自己的好多优点:如诚信、努力、热情、心地善良、乐于助人……交流之后将优点写到"优点树"的果子上,这时大家发现每个同学的"优点树"上都是硕果累累,一派丰收景象。

　　心灵感悟:面对硕果累累的"优点树",同学们已经意识到自己身上有好多的优点,这样的自己是大家不由自主就会喜欢的,就像那个水里朝自己微笑的倒影。

选择了一个能代表自己此时此刻状态的沙具。仔细地观察一下沙具的每一处细节,并且感受它在你手里的触觉。思考——你为什么会选择它,它对你有什么特别的意义,从它身上,你感受到了什么?你会感受到其实自己选择的沙具代表了一部分的自己。

心灵感悟:当大家在以后的生活中遇到困难或者迷惑的时候,就可以去选择一件身边的物品,它可能是你的毛绒玩具,也可能是你一直很喜欢的物品,你将从它们身上找到那个"朝自己微笑的自己",去面对眼前的困难和迷惑。

(2)旅程的第二站:苦尽甘来的"不足树"。像刚才写"优点树"一样,同学们在老师的带领下找自己的不足,将对自己不满意的地方写在"不足树"上。在这个过程中,大家明白没有哪个人是十全十美的,大家都有自己需要努力提高的地方。

心灵感悟:每个人都希望成为自己理想的样子,可现实不一定如自己所愿。但是,我们可以积极行动起来,积极地接纳自己的缺点和不足,挖掘自身的潜能,做最好的自己,让自己变得更有价值,这样本来的"苦"就变成了甜。

5. 填写:我擅长的事情、让我快乐的事情、我感到有意义的事情。发现挖掘自身价值小妙招,那就是——

(1)每个人都有优点和不足,要善于发现优点,接纳缺点。

(2)充分发挥自己的优势。

(3)当得到赞扬和获得成功时,要尽情体验它们带来的喜悦。

(4)用自己最擅长的方面去做最有意义的事情,你会获得更多快乐。

心灵感悟:找到悦纳自我的方法就如在迷雾中找到灯塔,可以帮助人们在任何时候都能喜欢自己,并且用自己的光芒拨开迷雾,向着自己的目标前行!

三 实践反思

生活即学习,学习的素材往往从生活中来。使用生活中常见的水和沙具,学生觉得既熟悉,又有了新奇的感受。

水和沙具是生活中随处可见随手可得的,除此之外,生活中还有很

多内容是可以被利用到学习中去的。引导学生在这次学习之后,充分地行动起来,去主动寻找大家可以利用的学习工具,在行动中充分实践生活化学习。

从生活中来,到生活中去。生活中,每一件物品每一个人都有可能成为自己的镜子。有了这样的意识,生活中每一件物品都能够帮助到我们去体会去成长,那我们学习的模式和内容就从此迈入了新的天地!

四 生活化瞭望

林肯与政客

林肯是美国历史上最著名的总统之一。由于他的外貌很丑陋,常常被政客所讥笑。有一天,他的一位政敌遇到他,开口骂道:"你长得太丑陋了,简直让人不堪入目。"林肯微笑着对他说:"先生,你应该感到荣幸,你将因为骂一位伟大的人物而被人们所认识。"

思考:林肯如果只把眼光停留在自己丑陋的外貌上,不去发现自己的其他长处,他能成为美国著名的总统吗?如果是你,你会怎样看待你的外表和你的缺陷呢?

神奇的发卡

有一个女孩子,总觉得不讨别人喜欢,因此有一点自卑。一天,她偶尔在商店里看到一支漂亮的发卡,当她戴起它的时候,店里的顾客都说漂亮,于是她非常高兴地买下发卡,并戴着它去学校。接着奇妙的事发生了,许多平日不太跟她打招呼的同学,纷纷来跟她接近,一些同学还约她一起去玩,原本死板的她,似乎一下子变得开朗、活泼了许多。但放学回家后,她才发现自己头上根本没有带什么神气的发卡,原来她付钱后把发卡忘在了商店里。

是什么使别人改变了对她的态度?那个发卡真有那么神奇的力量吗?

思考:人的容貌并没有因戴发卡而改变,改变的只是人的心态,因她的可爱而让人感到漂亮,

无论什么时候,我们都不要讨厌自己,对于那些已经成为无法更改的客观现实,与其整天抱怨苦恼,还不如坦然地自我悦纳,即以积极、赞赏的态度来接受自己。

关照我的"内在小孩"

青岛文登路小学　张明滋　李红霞

 一 课程素材

问卷测试

我的"内在小孩"

每一道题作答时间建议不超过三秒钟,回答"是"或者"否"。请凭直觉真实地回答以下问题。

1. 我很容易去讨好别人?

2. 当我为自己争取权益时,会感到不安,常委屈自己。

3. 我做事严谨,凡事要求完美。

4. 我实在不知道自己要的是什么。

5. 我有饮食困扰的问题,如暴食或厌食。

6. 我有睡眠失常的问题。

7. 我很怕单独一个人。

8. 我发现自己常在做别人期待我去做的事。

9. 关心别人比关心自己还来得容易些。

10. 我很好强,讨厌输的感觉。

11. 我常觉得自己没有被公平对待。

12. 我从来不对别人显露出我真正的情绪。

13. 在与人交涉时,我常常不是完全放弃,就是坚持己见。

14. 我常有莫名的负向情绪突然出现,如恐惧、愤怒、忧郁等。

15. 我的情绪起伏很大,有时像飞入天堂,有时又像掉入地狱。

二 课程设计

【课　　题】关照我的"内在小孩"

【年　　级】五年级

【主题背景】

相对生理的发育,小学高年级学生的心理发展水平较低。部分学生在出现缺乏安全感、学习障碍、焦虑等现象时,不知道去感受自己内心的"不舒服",不了解关爱自我的方法。为此,开展"关照我的'内在小孩'"心理辅导活动,使学生初步拥有关照自己"内在小孩"的意识和方法。

【活动目标】

1. 了解每个人都有自己的"内在小孩"。

2. 初步拥有关照自己的"内在小孩"意识。

3. 学习关照"内在小孩"的方法。

【过程与方法】

(一)初识我的"内在小孩"

1. 同学们,你们现在是高年级的孩子了,是不是感觉自己渐渐地长大了? 从哪些方面你能感觉到自己长大了? 在长大的同时,是否发现自己有时候也有这种状态:无论你长到多大,大概都有比你的实际年龄"更像个小孩子"的时候?

2. "我的小孩状态"形容词脑力激荡。

假如用"非常活泼、天真、调皮;脆弱、敏感、容易受伤;任性、刁蛮、难以接近……"这样一些形容词来形容你的"孩子状态",你会选择哪些词呢?

你用一些词形容了自己的小孩状态了吗? 也许你还不愿意说,这也是正常的事情,老师理解你们。因为许多人很久没有来关注自己的小孩子状态了,自己的小孩子状态,也就是自己的"内在小孩"状态。

3. 什么是"内在小孩"? 假如童年时你正常的需要没有得到满足,许多自然的情感受到了压抑(特别是小时候有受伤或愤怒的感觉),虽然形体(身体)长大了,但你的内心其实还存留着脆弱、受伤、需要被关注的童稚小孩,这就是你的"内在小孩"。你就会带着这个受伤的"内在小孩"一起长大。

受伤的"内在小孩",会"向外实现"——让幼年时的痛苦再度重现,再次破坏我们的生活。也会"向内实现"——以童年时所遭受的处罚方式来惩罚自己。

心理学家认为每个人心里都有一个"内在小孩",这个"孩子"其实无

时无刻不伴随着我们。你的"内在小孩",现在怎么样呢?可以测试一下。

4. 运用问卷测试,看看我的"内在小孩"。

测试内容见"生活化名片"。请你测试,初步认识一下自己的"内在小孩"。

如果你有 3 ~ 5 题回答"是",表示你忽略自己的"内在小孩"很久了!

如果你有六题以上 回答"是",表示你的"内在小孩"确实需要照顾了!建议你积极参与下面的"生活化导航"活动,从中学会一些关照自己的方法。相信经过一段时间,你的"内在小孩"会有较大的变化!

(二)感受我的"内在小孩"

1. 刚才,我们初步认识到我们每个人都有自己的内在小孩。在你的心中,"内在小孩"给你的感觉是什么呢?现在请你来感受一下:请你舒服地坐好,双手轻轻地放在大腿上,深呼吸,慢慢地吐气,慢慢地闭上眼睛,请边听老师的指导语,边感受自己的"内在小孩"。

【指导语】

我们很多人的内心深处,都住着一个迷茫、孤独且极度失落的小孩。也许,长久以来我们与这个内心的小孩,唯一的交流是忽略他,不去管他,所以我们经常感受不到他的需要,而常常去批评他、指责他、抱怨他,这些是我们经常的做法。然后,我们却纳闷自己为什么总是不开心?

现在,请你继续闭着眼睛用心感受、觉察,你的"内在小孩"在哪里?

看看你的"内在小孩"什么样?他正在干什么?当时的动作是什么?这个动作对你来说意味着什么?他的表情是什么?他的表情流露出要表达的是什么呢?

如果你觉察到了你的"内在小孩",请睁开眼睛。

2. 分享。"你的内在小孩"什么样?你对自己"内在小孩"的感受是什么?

3. 感悟分享:无论你的"内在小孩"是什么样的,你的感受是什么,这都是你的"内在小孩"。如果你的"内在小孩"不舒服,也会影响你身体的和谐与健康。这说明,你的"内在小孩"的确需要你去关照他了。

（三）画出我的"内在小孩"

1. 画出我的"内在小孩"。请用彩笔,用你不习惯的那只手画,也就是你不用来写字的那只手,把刚才感受到的"内在小孩"画出来,让我们来感受、觉察自己的"内在小孩"。

2. 跟自己对话。如果你画好了,现在,花点时间用心和你内心的小孩说说话,更深入地了解他。你可以问问他:

（1）你喜欢什么?不喜欢什么?

（2）你有什么感觉?

（3）你害怕什么?

（4）你需要什么?

（5）我怎么才能让你感到安全?

（6）我怎样才能让你开心?

3. 交流分享。谁来说说,你跟自己的"内在小孩"都说了些什么?

4. 感悟分享。当你感觉自己内心不舒服时,可以跟自己对话——和自己的"内在小孩"说说话;安慰他（她）;陪他（她）玩;经常和自己的"内在小孩"聊天,交心;了解他（她）的需要,满足他（她）,关爱他（她）……这些都是关照自己的方法。这些方法只要有一种适合你,让你的"内在小孩"感觉舒服了,你就是在"关照自己",在"爱自己"。

（四）内外合——拥抱我的"内在小孩"

1. 拥抱。心理学家说:经常跟自己的内在小孩对话,你就拥有了爱自己和爱他人的能力!下面,就请你再次和自己的"内在小孩"对话。

请你双手拥抱自己,用心（不出声音地）跟自己说:

对不起,请原谅!（说的时候,注意把每个字都送到那个"内在小孩"的心里,让他感受到:

谢谢你!

我爱你!

无论发生什么,我都会永远陪伴你,郑重地说出自己的名字。

想象中带着他,跟你的"内在小孩"融为一体,慢慢地你们俩合为一体,来到此时此刻此地。

2. 分享。刚才,你拥抱了自己的"内在小孩",感觉怎么样?

关照我们"内在小孩"之后的感觉一定很好,你觉察到了吗?

3. 感悟。经过你再次和你的"内在小孩"拥抱,表达爱自己的"内在小孩",永远陪伴他,自己心中的"内在小孩"不再被恐惧、害怕;在每个人对自己的温暖和关爱中,"内在小孩"由"小孩子状态"渐渐长大,使心与身和谐健康成长,心灵越强大越能更多地感受到生活的幸福。

每年的5月25日,是"五二五,我爱我"心理健康日,现在你学习了关照自己"内在小孩"的方法,就是以实际行动去关爱自己,做到"我爱我",促进自己的身心健康。

当然,你还可以在生活中继续探讨更多关照自己的好方法!

三 实践反思

在生活中觉察。《问卷测试:我的"内在小孩"》、"我的小孩状态"形容词脑力激荡,使学生联系生活中的"我",初步了解每个人都有自己的"内在小孩",初步认识了自己的"内在小孩"状态。

在生活中关照。感受我的"内在小孩",画出我的"内在小孩",并和自己的"内在小孩"对话,辅导中学生大胆表达自己"内在小孩"的孤独、害怕,说明学生已经初步学会自我觉察自己生活中的"不舒服"。引导学生通过跟自己的"内在小孩"对话:安慰他;和他玩;和自己的"内在小孩"聊天,满足他的需要……学生们分享的关照自己"内在小孩"的方法,表明学生经过本次心理辅导,已经学会用适合自己的方法在生活中关照自己的"内在小孩"。

在生活中感悟。拥抱我的"内在小孩",学生在用"对不起,请原谅""谢谢你""我爱你"这样关照自我的心理语言,使"我"和"我的内在小孩"内外合一,心灵在成长。这时,几乎每个学生都觉察到了在跟自己对话,关照自己之后,内心的体验是舒服和温暖。学生通过这些向内的内在体验,进一步增强了自我关爱意识,感悟到经常运用关爱自己,"我爱我"的有效方法对促进自己的身心成长是有益的。

"心灵成长是一生的课题",每个人在生活中都可以探索更多地关爱自己的方法,促进心灵更加愉悦、健康成长。

四 生活化瞭望

在本篇第一部分"课程素材"中有《我的"内在小孩"》的测试问卷。问卷的内容节选自《你爱自己吗:保护疼爱自己的内在小孩》一书。书的作者是美国心理治疗专家,玛格丽特·保罗(Margaret Paul, Ph. D.)博士,其著作还有《自由的爱》《如果你真爱我》《远离孤寂》等书。

日常生活里,你是否让自己一再地忙于照顾别人的需求,而忽略了自己内在真正的声音?玛格丽特·保罗博士在《你爱自己吗:保护疼爱自己的内在小孩》一书中,对个人痛苦与矛盾的治疗有很精辟的介绍,使你在阅读中觉察自己的内在,保护心灵内在的整体性,让你阅读后,在社会交往、家庭、工作、学习中,都变得丰富、真实和喜悦。

玛格丽特·保罗博士在心理治疗领域研究多年,《你爱自己吗:保护疼爱自己的内在小孩》为其"内在联系治疗法"的代表作。内在联系疗法是一个将我们成人化的思考与我们本能的感受——内在小孩的感受——联结起来的方法,使得我们可以最大限度地减少内在痛苦的冲突。从内在冲突中解脱后,我们将感觉到安宁,敞开胸怀去拥抱喜悦,去给予和接受爱。

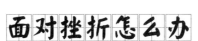

面对挫折怎么办

青岛文登路小学　李红霞

一 课程素材

锦囊妙计

游戏:"进化论"

体验感悟互动游戏(配乐:节奏紧迫的音乐)

(在生活中,游戏是所有学生喜闻乐见的活动,以游戏引起学生的兴趣,利于学生在参与中体验感受)

同学们,你们喜欢玩心理游戏,今天我们再来体验一个好玩的游戏,好吗?

请注意,这个游戏的名称是"进化论",游戏规则:

所有人先是一个蹲着的"蛋",然后逐渐进化成半蹲着的"小鸡",再慢慢地进化成站立的"大鸡",在围起的课桌场内随便找个人两两相对用剪子包袱锤来决定胜负,赢者则进化,输者则退化。每个阶段要停留15秒也就是数到15下才可以重新找同学进化,不可越级进化。进化成"大鸡"的同学就可以在场外观看其他人的进化过程,直到剩下一个不进化或者进化不彻底的同学要被领到"动物乐园"独自去玩耍。

二 课程设计

【课　　题】面对挫折怎么办

【年　　级】三年级

【主题背景】

面对挫折,对三年级学生来说,采取合适的应对方式,以及平和地应对情绪反应并从挫折情绪中走出来,是合理的处理问题方式。

【活动目标】

1. 从游戏中体验和感受挫折情绪。

2. 从挫折中激发应对挫折的能力,并且带入学习状态中。

3. 培养积极应对困难的意识,增强积极心理状态。

【过程与方法】

(一)热身活动

1. 明确游戏规则(见"锦囊妙计")。

2. 互动游戏(配乐:节奏紧迫的音乐)。

随时有学生"转化",或者又"退化",全场在一片互动体验进化中,有欢呼,也有沮丧。更多是多次的转化才能够成功"站立"做"大鸡"。

教师随时可以离场观察学生状态,直到最后音乐声停后还没进化的学生被统一留在场中央的"动物园"里倾听大家的发言。

(二)分享交流

1. 顺利进化成功的同学。

分小组交流,你进化成功后的感觉如何? 作为一次就成功的大鸡,你想说什么? (感悟来自真切的体验,这种体验是参与式的,体验顺利转化给自己带来的身心愉悦,有时甚至全班没有人一次能够转化成功,这个环节就要略,只谈到很遗憾没有人一次可以做到,说明挫折是每个人都要享受的过程。)

2. 进化过程艰难的同学。

对比顺利进化成功的同学,我们的体验感悟或许更深,请分享你现在的感觉吧。(学生在游戏中参与了,体验了,感悟了,最终进化成功了,他们绝对有很多成功的感悟要分享,这时的分享和感悟都是真实的,甚至是情真意切地流露。)

学生交流。学生:一开始很高兴,进化成功,开始再一次相对决,我就很懊恼,特别是看着别的同学一个个进化到高一级,由一开始的好玩变成了心情急躁,甚至是羞愧,因为我越来越退化! 别人已经进化成"大鸡",我孤独,我失落,可是,越着急,越乱了分寸,所以等我调整心态,有心对待每一次对决,我竟然渐渐地转化成功了! (直面挫折,感受积极心态带来的快乐。)

教师:是的,跟这个同学的心情经历一样,有很多人经受了这个挫折的过程,都来说说自己的感觉吧。尽量用上你在参与活动时真切感受到的心理活动和身体反应。(以一人为例,更多人有类似感受,表达出来的感悟是真切的,口头表达自己的心理状态,利于梳理自己的思维。并且尽可能多的用一些表达感受的词,对学生体验词汇,感悟词汇有实践意义。)

同学们要多说心理感悟和体验,有说才能有感悟的可能,因为在说的同时又有了对活动过程中新的理解和感悟。

3. "动物园"里的来客。

请来到"动物园"的朋友发言,刚才听了大鸡们的一番肺腑之言,相信你也有话要说吧?学生交流:我没有进化成功,很是失望,但是听到其他同学也跟我们经历了这样的一次次挫折,却依然坚持了下来进化成"大鸡",我感到自己也可以再试试。其实不成功,说明自己气馁了,乱出招,乱了分寸当然会退化,这是我的感悟……

教师:听了他们的心里话,老师也感觉他们的积极阳光的心理状态,给你们一个机会吧,让我们一起为你们加油!进化就在这里产生奇迹!

请先前进化的"大鸡"送给我们的同类一个机会,让他们进化成功,你们不用担心会退化,因为你们已经是"大鸡"了,"大鸡"出招仅仅是游戏而已。谁来做个拯救者?请开始拯救活动吧!(给最后者一个机会,让积极心态成为他们追求的永远目标,没有可怕的结局,只有你是否敢于面对挫折来出招!对胜利者而言,适当地给予他人帮助,既成就自己也成就他人,是成长中的共赢。)

(三)心理感悟加油站

同学们,通过本次学生交流,写下自己的感悟,心里的想法,心情的状态以及用上恰当的词语来表达自己的心理感受。

(四)我实践,我成长

请同学们结合本次心理游戏中学习到的来记录自己在考试前后的紧张、焦虑,学习和生活中遇到的挫折、苦闷等。(让学生写自己成长过程中的经历挫折和克服挫折的心理描写以不断强化他们的积极心理体验和勇于面对挫折的自信心。让挫折成为学生的必然经历,让挫折成为学生的转折点、成长点和加油站。)

三 实践反思

"进化论"这个团体游戏为参加者提供了一种良好的社会活动场所,创造了一种信任的、温暖的、支持的团体气氛,使成员可以以他人为镜,反省自己,深化认识,同时也成为他人的社会支持力量。从这个团体游戏辅导可以得到互相支持,集思广益,团体心理辅导结合一定的心理训练和辅导,对于提升人的心理素质和综合能力具有特别重要的意义。

"进化论"团体游戏也让我们每个人都在参与中因此感悟,因此成长。特别是那些最后进入"动物园"的孩子,在同学们的激励下都含着眼泪进行最后的进化,等到成功进化后看到孩子们相拥的时刻,我也跟他们成长了!

相信本次团体游戏带给他们的不仅仅是游戏,更是参与后感动和相互的支持力量在团体中蔓延,进而共同成长!

四 生活化瞭望

《当下的力量》

作者:[德]埃克哈特·托利

埃克哈特·托利(Eckhart Tolle)生于德国,从伦敦大学毕业后,他在剑桥大学担任研究员和导师。29 岁那年,一次意外的经历彻底改变了他的生活。在接下来的几年里,他致力于解释、整合和深化这种变化。埃克哈特·托利不倾向于任何一种宗教或传统。在他的教学当中,他用一种简单明了的语言传达了古代心灵导师的简单而深刻的信息:我们可以摆脱痛苦并进入内心的平和世界。

目前,埃克哈特·托利在世界各地旅游讲学,他努力将自己的心灵启迪实践传授给世界各地的人。自 1996 年以来,他居住在加拿大的温哥华。

相信自己能行

青岛新昌路小学　王珺

一 课程素材

1.故事宝库

小板凳的故事

世界著名大科学家爱因斯坦上小学时,一次劳动课上交作品时,他上交一只做得很粗糙的小板凳给老师,老师看了很不满意地说:"我想世界上不会有比这更差的小板凳了。"爱因斯坦回答说:"有的。"他不慌不忙地从课桌里拿出了两只小板凳,举起左手说:"这是我第一次做的。""这是我第二次做的。""虽然它不能使人满意。但总比这两只强一些。"正是爱因斯坦拥有"一次比一次做得好"这样的自信,才促使他成为一名伟大的科学家。

2.校园剧场

小小主持谁来当?

元旦联欢会就要开始筹备了,老师请同学们竞选"元旦联欢会"的节目主持人。小明、小刚和宁宁采用不同的心态来面对挑战。有犹豫不决的,有被动接受但不主动争取机会的;有积极参与的。

小明:我又没做过,万一出点错多难为情呀,我可不上去。

小刚:老师叫我上,我就上,不叫我就算了。

宁宁:我相信自己。他大大方方走上台,声情并茂地讲述了自己的优势和当选后的打算。

(请学生表演不同心态的学生参与活动时的想法和状态。情景剧的表演能让学生身临其境地感受自信与不自信的不同。)

二 课程设计

【课　　题】相信自己能行

【年　　级】四年级

【主题背景】

　　四年级学生的个性差别最大。由于家庭环境和其他条件的差异,孩子对事物的体验差距很大。心理发育较快的孩子,小时候看不懂、听不明白的一些事情,现在很快就可以搞明白,视野开阔、知识增长速度明显加快。去的地方多、见识多的孩子甚至表现出老成的样子。而条件不好、每天仅限于家庭和学校活动的孩子显得孤陋寡闻。在反复比较、衡量的过程中开始认识自己的行为与他人行为的关系,并把"自己"作为一个独立的人,等同于他人。这个"自己"常常站在主观愿望的对立面。因此,大部分孩子对自己的评价和认识存在偏差。通过本课学习活动,用探究法、明辨法、体验法、激励法等引导学生积极参与教育教学过程,使学生在看中激趣、玩中悟理、议中求真,达到由知导行的目的。为学生创设一个有利于树立自信、发展自信的广阔空间,使他们能够自信、健康、快乐地成长。

【活动目标】

　　1. 帮助学生掌握了解自己,从比较笼统的评价发展到对自己个别方面或多方面行为的优缺点进行评价。

　　2. 创设情景活动,在具体的活动中,让学生体验成功,感受自信是成功的基石,培养学生自信心。

　　3. 在活动中引导学生认识到任何时候人都要有自信心。

【过程与方法】

（一）热身活动

　　1. 做心理小测试,引入自信主题。

　　（1）心理小测试:同学们,这节课我想让你们自由选择座位。大家请就座。（教师观察学生是坐在前面,还是坐在后面?）

　　（2）询问学生选择座位原因。

　　（3）小结:不同的选择代表不同的心态。一般来说,喜欢坐前面的人比较自信,因为前排较显眼、醒目,只有自信的人,才不怕别人的注视;喜欢坐后面的人,则自信心不够强,因为他怕被人注意。

（二）寻找自信的阳光

1. 找找身边自信的人。

（1）一个自信的人会让我们感受到阳光、幽默、果断和勇敢,会让我们觉得他们的身上有一种积极的力量感染着我们。咱班谁是自信的人,他们的神态、动作语言和日常的做事方式有哪些表现? 和你周围的同学交流一下,什么叫自信?

（2）归纳分享。

（3）自信的含义。自信心是指自己相信自己的情绪体验,是对自我力量的充分肯定。自信心越强,越能够不畏失败,不怕挫折,不懈进取。自信心越大,越能够产生强大的精神动力和进取激情,排除一切障碍去实施自己的目标。

2. 寻找自己的光彩。

（1）《小板凳的故事》讲的是世界著名大科学家爱因斯坦上小学时发生的事,这个故事对你有什么启发?

（2）同学们,你们知道吗? 我们每个人身上都有自己独特的优点,请在你的优点卡上找一找吧。

心灵感悟:其实,你并没有自己想象中的那么差劲;其实,你比想象中的自己更完美。找到自身优势,你就发现了通往成功的秘诀,开始了一段自我成功之路,让自信之光闪亮。

3. 让自信之光闪亮。

（1）自信在行动中闪光。

老师请同学们上台竞选"元旦联欢会"的节目主持人。

① 小明想,我又没做过,万一出点错多难为情呀,我可不上去。

② 小刚想,老师叫我上,我就上,不叫我就算了。

③ 宁宁大大方方走上台,声情并茂地讲述了自己的优势和当选后的打算。

小组合作情景表演。

讨论交流:哪些是自信心强的表现? 不同的想法和做法,结果会有什么不同? 看后你想对他们说些什么?

心灵感悟:人的能力、优点不是天生就有的,别人对我们的赞扬和肯定

也不是随意可以得到的。因此,要建立自信,一定要努力发展、提高自己,让自己的优点和能力充分展现在大家面前,并从尽力做好每一件力所能及的事情开始锻炼、培养。

（2）说说我的自信"光源"。

分享自己提升自信的方式,展现自己信心的途径。

挑前面的位子坐;

练习正视别人;

练习当众发言;

咧嘴大笑;

……

看来每个人都有自己增强信心的妙招呀。看看其他同学的好办法,你一定也深受启发,让我们一起来做一张成功卡吧?

（3）成功卡。填写自己的一张成功卡:

我目前最想要做好的一件事:_____。

做这件事可能遇到的困难:_____。

我会采取哪些方面应对这些困难:_____。

（四）总结激励

法国大作家罗曼·罗兰说过:先相信自己,然后别人才会相信你。在我们以后的学习生活中,我们不断地发现自己的优势,拓宽我们的视野,不放弃任何一次锻炼自己能力的机会,就会越来越自信,离自己的目标越来越近,成为最好的自己。

三 实践反思

本课采用了故事宝库和情景表演两个生活化课程素材。生动有趣的小故事让孩子感受到即便是闻名世界的大科学家也是从不会到会,慢慢地学习,慢慢地练习才让自己越来越能干的。第一次做事情的笨手笨脚往往带来的是心有自卑的"不好意思拿出手",这样的感觉每个孩子都曾经有过,这个故事贴近孩子的生活也贴近孩子们的心灵,让每个孩子都能从中感悟到只要成为更好地自己就应该有信心。

情景设计的是每个学期会开展的活动,是每个孩子非常熟悉的。在表演中,请学生先充分体验感受不同的心态下自己的感受,再进行小组表演,鼓励学生尝试不同的角色,去深刻感受每个角色心态的不同。在没有信心的时候是怎样的,在充满信心的状态下自己的语言行为动作是多么的不同,从而鼓舞学生做事时要准备充分的同时也要对自己有信心。

四 生活化瞭望

人只有意识到自己是谁,应该做什么的时候,才会自觉自律地去行动。一个人意识到自己的长处和不足,就有助于他发扬优点,克服缺点,取得自我教育积极的效果。最后,自我意识是改造自身主观因素的途径,它使人能不断地自我监督、自我修养、自我完善。可见,自我意识影响着人的道德判断和个性的形成,尤其对个性倾向性的形成更为重要。

推荐书籍:《最好的我·为自己鼓掌:让我越来越棒的故事》收录 45 个生动深刻、充满哲理的品德塑造故事,让孩子们在阅读中感受中外历史名人的人格魅力,重塑孩子们的优秀品质,立足自信自强、诚实守信、坚强勇敢等成长中必须强化的要素进行引导,让孩子们健康成长,越来越棒。

第三单元　情绪管理

　　小学生的年龄与心理处于埃里克森所言的勤奋感对自卑感的心理发展阶段，遇到竞争，体验到成功，获得满足，竞争意识便会进一步加强，如果失败了，就会体验到无能感，对以后的生活期望都不高，没有合理的情绪认识和情绪宣泄，对孩子勤奋感和信任感的形成都是有害的。这一阶段的孩子通过勤奋学习去获得社会知识和学习技能，获取自信，一旦受挫出现情绪问题，且得不到疏导，没有进行恰当的情绪管理将会令孩子变得自卑，无益于成长。

　　小学生情感发展较成人相比，带有很大的外露性，他们的情绪常会毫不掩饰地在面部表情上、行为方式中表现出来。过激的情绪表达可能会引起家长、同伴的重视，当这种重视没有转化为积极的疏导和安慰、鼓励时，将会对学生身心发展造成不良的影响。

　　本章运用积极心理学的理念，力求用一种开放、欣赏的眼光去看待人类的潜能、动机和能力等，主要研究健康、幸福、仁爱、欣喜、乐观等情绪。

　　本章中的生活化案例，围绕认知情绪、接纳情绪、正向转化情绪的主路线，用讲授与活动体验相结合的方式，从儿童心理学的角度帮助孩子们充分认识、体验、接纳和管理自己的情绪，进而使其进一步接纳自己，并且乐于做自己，挖掘自己的优点和长处，提高自我形象，并学习尊重以及欣赏别人。了解情绪中的积极情绪可以帮助学生实现自我肯定、挖掘自身优点、实现自我成长。

和情绪做朋友

青岛新昌路小学　王珺

 一 课程素材

绘声绘影

1. 电影《小叮当和失去的财宝》片断。

这段片子集中体现了人在愤怒时的表情、动作,能让孩子产生共鸣,引发学生的分享和讨论。

2.《悲怆交响曲》。

《悲怆交响曲》音乐充满压抑的情绪,在这段音乐中学生不仅能很好地被带入回忆之中,更能再次体验自己愤怒时的内心感受。

二 课程设计

【课　　题】和情绪做朋友

【年　　级】五年级

【主题背景】

长久以来,无论成人还是儿童,对于让自己感到舒适轻松的高兴,愉悦的情绪是欢迎的,而让自己感到压抑痛苦的愤怒、悲伤、沮丧等情绪则不然,人们常常逃避它们,排斥它们,拒绝感受它们,更不用说去发现其中的积极意义了。我们设计的情绪辅导课程就是从一种平常让人不适的情绪——愤怒入手,利用绘画治疗的方式,让学生画愤怒,说愤怒,讨论应对愤怒的方法,到感悟愤怒带来的力量,让学生去接纳愤怒。以愤怒情绪的处理为例,由浅入深地帮助学生在课堂上完成认识情绪、表达情绪到接纳情绪的过程,让学生明白情绪没有好坏也没有对错,和情绪做朋友,让情绪成为帮助自己成长的力量。

【活动目标】

1. 小组合作中探求有效应对愤怒的方法。

2. 在活动中体验分享自己在愤怒时的感受,充分表达自己愤怒的情感体验。体会愤怒给自己带来的成长,学习接纳愤怒。

3. 通过对愤怒情绪的体验,学习表达和应对其他让自己感到不适的情绪,并能从这些情绪中感悟成长。

【过程与方法】

暖身活动:看动画片引出主题。

教师:首先请大家一起看一个电影片断。(播放电影《小叮当和失去的财宝》片断)

教师:片中小叮当现在是什么情绪?我们就一起来探讨一下"愤怒"这种情绪。

活动一:画愤怒。

教师指导语:在你生活中有没有遇到过让你愤怒的事情?

(播放音乐《悲怆交响曲》)请你闭上眼睛,在音乐中打开自己的回忆之门,回想在生活中你遇到的那一件让你愤怒的事情。让这件事情的过程像放电影一样在你眼前重现,一边回忆,一边感受当时自己的心情。

(音乐高潮后)我们现在都已经体验着愤怒的情绪了,现在请你看一看,你的这份愤怒是什么形状的?是什么颜色的?

请睁开眼睛,把它画在纸上。

活动二:说愤怒。

画完了吗?谁来展示给大家看看?在全班分享,这件事情是什么事?你当时的感受是怎样的?

学生分享自己的画和事件,教师给予及时的共情。

教师:我发现很多人都用浓重的色彩表现自己的愤怒,让我感觉到愤怒的力量,电影中的小叮当大喊,向朋友发火,你在愤怒的时候是怎样做的?

学生分享自己的行为,老师回应他们行动后的感受,追问行动后的结果。

活动三:讨论方法应对愤怒。

指导语:听了大家的分享,我感觉到愤怒中蕴藏着巨大的力量,有时候我们能应对愤怒,把它的力量使用得恰当,能让我们立刻达到目的;有时候不能很好地应对,愤怒让我们丧失理智,无法思考,让我们在非常冲动的状

况下做一些决定,不但解决不了问题,反而让事情变得更糟,自己的心情更不好。那么我们一起来讨论一下,怎样去应对愤怒?

教师:大家太棒了,找到了这么多的方法,那么就用这些方法来应对一下你写的这件让自己愤怒的事情吧!

活动四:愤怒的积极意义绘画。

教师:现在你感觉怎样?

教师指导语:拿出一开始你画的愤怒的图画,请你再次拿出画笔,加上几笔,把它画成一幅美丽的图画,画好后可以给它起个喜欢的名字。

全班分享你的画。说一说愤怒给你带来了什么启示。

(有的学生把愤怒的火焰添上绿叶改画成美丽花朵;或者加上小朋友变成围着篝火取暖,有的把愤怒的黑色添上星星画成美丽的星空;有的把愤怒的褐色画成树干加上绿叶和果实;有的把愤怒的蓝色画成大海配上小船海鸥……)

分享:这节课你有什么收获?

结束语:

愤怒是我们生活中常常会有的情绪,今天的课堂上,我们自己寻找到了许多应对愤怒的方法,这一幅幅充满智慧的画也让大家感受到了愤怒带给我们的力量和成长。同样的,我们沮丧悲伤的时候,都能自己去发现如何应对,也一定能发现它们带给我们的启示。

情绪没有对错,无论是快乐、悲伤、高兴还是沮丧,这些情绪一直以来时刻陪伴在我们左右,当我们愤怒的时候,当我们悲伤的时候请不要马上排斥它,压抑它,我们要慢慢地学会和它待在一起,去感受它,体验它,表达它,思考它传达给我的信息,从中汲取力量,和情绪做朋友,让它带给我们力量,指引我们成长。

设计意图:

通过积极赋予愤怒绘画的意义,让学生感悟愤怒这种情绪并不"坏",不仅能带给我们力量,也能让我们成长。在这个感悟的基础上,让学生再去思考其他的情绪如悲伤、沮丧、恐惧等的积极意义,从而得出情绪无好坏对错,学习感受与接纳情绪。

三 实践反思

生动的动画场景引发学生的兴趣和共鸣。在音乐声中回忆最近生活中让自己愤怒的事件,体验当时愤怒的感受,应用了绘画治疗的表达技术。让学生用色彩表达这份愤怒。有冲击力的色彩加深学生对愤怒情绪的体验,让学生的感受能更加清晰,为后面的表达情绪做好充分的铺垫。本课中教师只是整理归纳,没有"教"学生应对,就是让学生明白,我们都有能力去应对愤怒。再遇到让自己不舒服的情绪的时候不会马上逃避,而去想办法应对它。

四 生活化瞭望

1. 绘画表达性技术的应用。

第一次的绘画是先让学生在音乐声中回忆最近生活中让自己愤怒的事件,体验当时愤怒的感受,应用了绘画治疗的表达技术。让学生用色彩表达这份愤怒。有冲击力的色彩加深学生对愤怒情绪的体验,让学生的感受能更加清晰,为后面的表达情绪做好充分的铺垫。

第二次的绘画通过积极赋予愤怒绘画的意义,让学生感悟愤怒这种情绪并不"坏",不仅能带给我们力量,也能让我们成长。在这个感悟的基础上,让学生再去思考其他情绪的积极意义,悲伤、沮丧、恐惧……从而得出情绪无好坏对错,学习感受与接纳情绪。

2. 觉察生命的意义。

更加频繁地察觉生活情境中生命的意义,如:好奇生命中的美好,即使路边一朵小花也值得赞叹;细数你的福气,与家人分享快乐的时光;感恩他人的善意,付出你的善意;高兴地玩,完全投入在活动里;放飞你的梦想,想象你的未来,从现在开始;利用你的优势,不断累计成功收获;与朋友在一起,感受团队的温暖;享受自然的美好,赞叹大自然的神奇;让自己的心像大海一样平静开放,充满觉知……

体验快乐 排除烦恼

青岛基隆路小学 徐艳

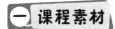

校园剧场

生活万花筒

要过年了,丽丽想:妈妈上班很辛苦,我把卫生打扫一下吧。可丽丽擦桌子时一不小心把花瓶打碎了。妈妈下班回来一看花瓶碎了,很心疼,就大声训斥丽丽。丽丽委屈地哭了,晚饭也没吃。

二 课程设计

【课　　题】体验快乐 排除烦恼

【年　　级】四年级

【主题背景】

小学四年级处于生长发育的关键阶段,生理、心理都在不断地成长,有了自己的想法和理想,是从低年级到高年级的过渡期,是培养和塑造性格的重要时期。因此,在心理课上帮助学生对自己的情绪进行有效的管理,学会积极、健康、乐观地应对生活中遇到的各种情况,对学生的身心发展起到保驾护航的作用。

【活动目标】

1. 引导学生通过探究、体验、感受,使他们知道应该笑对生活中的不如意,做一个快乐的人。

2. 学会更好地调节自己,排除烦恼,使自己拥有积极健康的心理状态和情绪。

3. 引导学生用自己所掌握的寻找快乐的策略来更好地调整自己。

【过程与方法】

（一）活动过程

1. 积极想象技术导入新课学习。

（1）谈话：春天来到了，春姑娘邀请我们去郊游，大家想去吗？那就准备好，我们一起出发吧。（播放音乐《去郊游》。）

（2）老师当排头，同学们手搭肩膀上，像开火车一样，围教室转圈。

（3）看：我们来到了哪里？课件出示"快乐岛"。

（4）到站了，同学们都回到各自的位子上吧。

（5）我看见 ×× 同学在笑，我想他玩得一定很高兴。×× 同学笑容满面，而 ×× 最高兴，因为他的表情是这样的。你们大家玩得开心吗？请你们用表情来告诉老师。

（6）现在，你们的心情是什么样的？

2. 共同体验快乐的活动过程。

（1）你觉得这儿的景色怎样？

（2）这儿不仅景色优美，还有许多"快乐果实"，你们想不想尝一尝？

（3）×× 笑得最开心，我请他第一个来尝。看果实背面有什么，请读给大家听：

把你做得最有趣的梦说给大家听。

（4）请刚才答得最精彩的同学来采"快乐果实"。

你的果实里有什么小秘密：

说说你在游玩中遇到的最高兴的事。

（5）请全班最爱笑的同学来采"快乐果实"。

说一件你认为最好笑或最有意思的事给大家听。

先请 4 人小组讨论，然后各组派代表到前面分享给大家听。

注意可以用一定的动作和表情来表示当时的心情。

3. 排除烦恼的活动过程。

（1）谈话：俗话说"月有阴晴圆缺，人有旦夕祸福"。人有的时候也会遇到不开心的事，如果长时间紧张、难受、烦恼、忧伤，不但会影响我们的学习和生活，而且还会影响我们与别人相处，影响身体健康，所以得赶快想办法解决。

（2）生活万花筒——交流方法，心理疏导：

① 观看心理小品。

今天快乐岛艺术团的小演员为迎接同学们，特意编排了小品，你们想看吗？

学生表演心理小品：《生活万花筒》

遇到类似事情，你想怎样解决？

小组讨论，进行小品改编重现展示。

② 情境游戏：《小考验》。

情节设计：小刚上课前闷闷不乐，委屈地自言自语：语文生字竞赛，我是第一个答完的，而且全对，老师不但没表扬我，反而还给我扣了书写分。同位速度慢，老师还表扬她书写认真。

教师引导：你能猜出此时小刚是怎样想的吗？（老师处理事情不公正；偏袒女生）

情节设计：老师又在小刚耳旁低语几句，小刚露出了笑容。

教师引导：想想这时老师会对小刚说什么？（请换一个角度想问题）

情节设计：小刚高兴地跳着回到了座位上。

教师引导：请同学们猜一猜，小刚为什么这么高兴？他是怎么想的？（老师对我要求严格是为我好，不能光求速度不求质量，不仅要全对还要书写工整。）

③ 心理体验：今天塞车，你迟到了，老师批评了你，你会怎么想？

（想：真倒霉。

想：下次一定早走，别迟到。

想：老师为了我好，怕晚来影响学习。）

……

师小结：生活中没有一帆风顺的，当你遇到不顺心或不公正的对待时，你并不是世界上最倒霉、最不幸的人。如果遇到问题，换种角度去思考解决，这样就能让我们增强自信，排除烦恼，找到快乐。

（3）学生互动，倾诉烦恼。

小组交流，引导学生诉说感到不愉快的事。

（4）关注他人，共享快乐。

小组合作，排解烦恼。

（5）去树上找"快乐花朵"，看看有什么锦囊妙计？

放松训练法：

① 呼吸放松法。

当你不高兴时，可以进行深呼吸，马上就会觉得心情轻松多了。

（试着做一做）

② 想象放松法。

转移调控：

① 画画。

看看漫画和小笑话，说不定你会哈哈大笑起来。（看一幅喜欢的漫画）

② 听音乐。

听听欢快的音乐，唱唱喜欢的歌，可以给我们带来好心情。（听《健康歌》）

③ 参加体育活动。

4. 总结。

短暂的旅程结束了，大家在快乐岛上玩得开心吗？你在快乐岛上有哪些收获？对，我们在快乐岛上学习了快乐的秘诀："想象高兴""深呼吸""看漫画""听音乐、唱歌"等方法，这样可以使我们保持快乐的心情，能更好地学习、生活。我们要和快乐岛说再见了，有点舍不得是吗？那么我们把"快乐果实和花朵"带回家，那我们天天都会像在快乐岛上一样开心了。

请把这些"快乐果实和花朵"也分享给你身边的亲人和朋友吧，让大家都永远快乐。

让我们一起拍着手唱着欢乐的歌回到可爱的学校，愿歌声与微笑永远陪伴着大家。

（播放《歌声与微笑》）

三 实践反思

1. 觉察生活化：本课中采用心理小品、情境游戏、心理体验等生活化素材重现学生生活中出现的场景，通过创设的生活情境让学生进行探究、感受、体验、合作、觉察，为学生创设一个遇到矛盾、解决矛盾的机会，促进学生的个体成长。

2. 行动生活化:学生在活动中主动参与,在情境的创设中通过亲自活动体验、感知、探究得到认知的提升,进而促使学生产生改善自己心理和行为的愿望。

3. 感悟生活化:学生在活动中放松自己的心情,掌握了有效的方法,学会调节自己的性情,排除了烦恼,充分体验了快乐的情绪,获得了心灵上的成长,促进了身心的发展。

四 生活化瞭望

《不抱怨的世界》是一本由美国作家威尔•鲍温写的心灵励志书。一本书,一只手环,改变爱抱怨的你,成就不抱怨的世界。一本震惊世界的心灵励志书,它用一只手环向我们传递了"抱怨不如改变"的生活理念。

抱怨是最消耗能量的无益举动。有时候,我们的抱怨不仅会针对人、也会针对不同的生活情境,表示我们的不满。而且如果找不到人倾听我们的抱怨,我们会在脑海里抱怨给自己听。《不抱怨的世界》作者提出的神奇"不抱怨"运动,来的恰是时候,它正是我们现代人最需要的。我们可以这样看——天下只有三种事:我的事,他的事,老天的事。抱怨自己的人,应该试着学习接纳自己;抱怨他人的人,应该试着把抱怨转成请求;抱怨老天的人,请试着用祈祷的方式来诉求你的愿望。这样一来,你的生活会有想象不到的大转变,你的人生也会更加美好、圆满。

情绪彩虹

青岛朝城路小学　崔倩

 课程素材

锦囊妙计

击鼓传花

从一个组开始,同学们依次把花传下去,轻轻地递到下一个同学的手上,音乐停止的时候,手中拿着花的同学起来做一个简短的自我介绍。

二 课程设计

【课　　题】情绪彩虹

【年　　级】四年级

【主题背景】

小学生正处于儿童时期,他们天真烂漫、活泼可爱、纯真无邪,对生活的世界充满好奇和幻想,可以说是漫漫人生旅程中最无忧无虑的时期。但是这个时期,儿童的情绪问题较之品行、学习困难等问题,更容易被成人所忽略。这个时期儿童的情绪问题如果得不到足够的重视,则会成为儿童成长阶段当中的"危机时期"。本课运用心理学的知识与技术,以"活动""体验"为主要教学因素,让学生在整个活动中多想、多动、多参与、多感悟,进而指导学生学会在生活、学习中遇到困扰时能够自我调节、自我疏导,以达到提高心理素质的目的。

【活动目标】

1. 通过学习,让学生能认识、体会、表现常见的各种情绪。

2. 引导学生学会关注自己的情绪。

3. 使学生初步学会调节情绪,使自己经常拥有健康积极的情绪体验。

【过程与方法】

（一）热身活动

1. 游戏：击鼓传花。

为了放松一下同学们的心情，咱们先来做一个游戏：击鼓传花。

游戏规则：从一个组开始，同学们依次把花传下去，轻轻地递到下一个同学的手上，音乐停止的时候，手中拿着花的同学起来给自己做一个简短的自我介绍。

播放音乐。

请拿到花的同学起来做自我介绍。教师借机追问在这个过程中有怎样的情绪体验？

其他同学在这个过程中的情绪如何？

2. 板书：情绪

今天我们就一起来认识和了解我们自己的情绪。

（二）认识情绪

1. 感受情绪。

出示："情绪大转盘"。

转盘上的每一种颜色都代表着一种不同的情绪，说说你心目中的每一种颜色都代表怎样的情绪。

2. 体验情绪。

体验活动：打开百宝匣。

每个人都有一双明亮的眼睛，每个人也都有一颗敏感的心。在活动中静下心来，感受自己的情绪都是怎样的。

出示课件：看到百宝匣

摸到百宝匣

打开百宝匣

拿到百宝指示条

全班交流，说说这个过程中自己的情绪是怎样的。

小组交流，用你的表情表现出百宝指示条当中的情绪，让小组同学猜出你的表情。

3. 说说情绪。

讲讲在自己的生活中遇到过怎样的事情,这件事情让你有了怎样的情绪。

(三)调节情绪

1. 每一种情绪就像是一种色彩,我们生活中充满的各种情绪让我们的生活变得多姿多彩。可是这些情绪中有些能够让你感到愉快,有些情绪则会让你有不愉快的体验。

2. 不愉快的情绪会像乌云一样遮住天空,让你感觉不到天空的蔚蓝、云朵的洁白,它会让你的世界充满灰色。

回忆一次不愉快的情绪体验,想想当时发生了什么事情,然后写在乌云卡片上。

全班分享3张乌云卡片上的经历和自己的感受。

这些乌云卡片就像是一把锁,锁住了我们的好心情,谁有好办法能够帮助同学们找到打开乌云锁的钥匙?

全班交流,帮助刚才分享经历的同学找到调节自己情绪的方法。

教师可以把学生对于情绪调节的方法归结为:

(1)做点别的事情;运动找回好心情;开心一笑解忧愁;去大自然深呼吸等。

(2)说出你的不愉快;哭走坏情绪等。

(3)正确地面对问题;找到解决问题的办法等。

(4)换个角度看一看等。

也许每个人都有自己不同的问题,让我们用好集体的智慧,在小组中交流看看能不能用好刚才说到的方法,给同伴出出主意。

把自己认为好的建议写在钥匙卡片上,为自己找到打开自己乌云锁的那把钥匙。如果对于解决问题的意见不满意,可以寻求老师的帮助。

(四)快乐成长

现在的你情绪怎样? 能不能用自己的表情表现自己现在的情绪?

看到你们每个人在这节课上都能够参与其中体验、成长,彩虹也会对你们微笑的。

老师送你们一首歌《彩虹的微笑》,希望每一天都有情绪彩虹在冲你们微笑。

三 实践反思

游戏击鼓传花,让孩子在活动的过程中把注意力不经意地就投入到了课堂当中,孩子们在积极参与的过程中,自然会有各种情感体验,拿不到花的时候、双手握花的时候、传递花的时候,都会有不同的情绪充溢在内心当中,孩子们亲身体验着,情绪也就越发明显。

通过行动感悟,学生在教师的引导下,回忆了自己生活中不愉快的情绪体验。我们知道时间能够让孩子们的不良情绪得到很好的调节,但是如果这种情绪是时间没有调节好的,那么就需要帮助孩子们采用积极的方式解决。

本课教学中可能涉及孩子们的不同的情绪体验,教师要引导孩子们尊重每个人面对同样一件事情会有不同的情绪体验,认真倾听,并且接纳孩子们在生活中、不同事情中产生的形形色色的情绪。

四 生活化瞭望

情绪管理妙招

1. 当情绪将爆发的时候,我们可以用这样的话暗示自己:"不能再继续了。""不要发怒。""我现在心情很平静。"这样的自我暗示比别人劝你作用好得多。听着自己心中这样的声音,情绪自然就会渐渐缓和,最终把激动的情绪控制好,从而避免与同学的冲突。跟同学发生冲突,情绪不能控制,有时往往只是为了自己的一点面子,觉得在这个时候已经下不了台了。在这种时候,我们要善于看准时机,为自己寻找下台的机会。比如,当时如果有好心的同学前来相劝,那我们就可以抓住这个机会,跟自己说:"我可以利用同学的相劝体面地下台了。"这样,将要爆发的情绪自然就会控制。情绪激动的时候,我们如果总是想着眼前发生的事情和跟你发生矛盾的人,那我们本来激动的情绪会越来越厉害。如果能采用注意转移的方法,激动的情绪就会逐渐平稳下来。

2. 注意转移的方法有好多种,比如可以把目光从对方身上移开,看看远处的景物;想想自己最喜欢的小吃,那味道有多美;默默地在心里哼唱最

近流行的歌曲,回忆昨天看过的动画片等。这样,你流动的情绪就能得到有效的缓冲。

3. 换位思考,也就是把自己看作对方,就会觉得与自己闹矛盾的同学也是很有理由的,他也受到了委屈,如此换位思考后,我们的情绪就不会那么冲动了。如果离开现场还不能控制自己的情绪,我们可以采取以下方法:寻找自己喜欢的东西缓和情绪。比如,做自己喜欢做的事情,看动画片,听音乐,唱喜欢的歌曲等。这种自得其乐的方法能起到很好的"抚慰心灵"的作用。这是一种以紧张对付激动情绪的好方法。

收集快乐的花瓣

青岛三江学校　崔秀玲

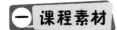 **课程素材**

1.锦囊妙计

　　和老师一起做动作,用双手、脚、口舌等部位发出声音,模拟自然界的情境,引导学生在参与活动的过程中体会创造的乐趣,从而吸引学生集中注意力,为学习新内容做准备。

2.故事宝库

　　儿童心理学的研究认为,孩子认知图形的能力从很小就开始慢慢养成。低年级孩子虽然识字不多,但已经具备了一定的读图能力。通过绘本阅读,他们在读故事、听故事中品味绘画艺术,理解文字的内涵,从而让其在心灵愉悦的状态下汲取营养,在美妙的体验中提升精神。

二 课程设计

【课　　题】收集快乐的花瓣

【年　　级】二年级

【主题背景】

　　低年级学生的认知水平、认知能力、社交能力都处于学习萌芽中,当遇到情绪问题的时候,往往不知如何正确地面对,更不知如何恰当地表达和处理,这又会让负性情绪升级。因此运用体验式活动引导他们认识情绪、面对情绪、处理情绪就显得尤为重要。

【活动目标】

　　1. 通过绘本导入,探讨小白兔遇到令自己生气事情,认识生气这一情绪状态。

　　2. 运用阅读绘本、绘画、小组讨论的方式,直面"生气",并积极寻找释

放情绪有效的方法。

3. 通过分享感悟,阅读提示,进一步巩固妙招,释放"生气",拥抱好心情。

【活动过程】

(一)热身活动:起风了,下雨了

1. 和老师一起来做:起风了(双手拇指摩擦四指)——风越来越大(双手摩擦)——滴答滴答下雨了——(拇指和中指打响,或者用舌头)——雨越下越大(双手有节奏地怕腿)——越下越大(鼓掌)——暴风雨来了!(加上跺脚)——雨变小了(鼓掌)——越来越小(缓慢拍腿)——越来越小(拇指和中指打响,或者用舌头)——雨停了,一阵风吹来(双手摩擦)——太阳出来了(双臂画圈)。

2. 心情采访:

教师拿一只兔子玩偶:小兔子看了大家做完运动,很想采访一下,你现在的心情怎么样?(学生对着小兔子说出自己的感受)

过渡语:的确,做做运动会让我们很开心,但是在生活中难免会遇到令自己气愤的事情,如果感觉自己生气了,该怎么办?

(二)绘本导入:认识"生气"

1. 小兔子前几天也遇到了令自己生气的事情,大家想不想知道?

走进绘本故事《我不想生气》前要注意两个问题:

① 小兔子为什么生气了?

② 生气时,它有什么感受?

课件出示绘本《我不想生气》部分图片、内容。

2. 反馈:小兔子遇到哪些令他生气的事情?它的感受是什么?你能理解小兔子吗?

3. 想一想,生活中你有没有像小兔子这样类似的经历?哪些事情曾经让你很生气?你当时有什么感受?(学生交流生活中曾让自己生气的事情,教师共情。)

4. 画画"生气"。

你生气的时候是什么样子?愤怒的感觉像什么,是什么颜色的?能不能画(或写)出来?

5. 投影分享:你画的生气是什么样子?

6. 画完之后,小组内再分享,采访同学们此时的感受。

(三)智慧汇集:面对"生气"

1. 过渡语:"生气"像个淘气的孩子,当我们画一画它的时候,就是在关照它,它就满足了,很快会悄悄溜走。除了画一画还有什么办法面对"生气"? 我们先看看小兔子的做法吧! (一起读绘本片段)

交流小兔子的做法:使劲踢、使劲踩、不停地跑、深呼吸、找人说说。

2. 你觉得小兔子在表达情绪的时候,哪些方法好一些? 为什么? 你会怎么巧妙处理? (小组讨论)

活动规则:每个人都分享一个妙计,组长统计出来,然后在全班交流。

倾诉、写日记、运动转移、外出旅游、看风景、听音乐、和亲人在一起等等。

(四)总结肯定,图片展示

汇集大家的妙计,老师告诉大家,他们的办法和心理专家的妙招不谋而合,这就是"合理的释放,转移注意力"(板书)。而且大家在生活中,也采取了一些好办法(课件出示学生出游、练书法、运动等照片,体会大家的好心情)。

(五)分享感悟,温馨寄语

1. 分享感悟:说说这节课的收获和启发。

2. 温馨寄语:经常生气会伤害身体的内脏器官;人生气时,样子很难看;经常生气,朋友会越来越少……老师相信大家在今后的生活中,会把今天汇集的好办法运用起来,少一些负面的情绪,让微笑挂在脸上,让快乐留驻心中!

三 实践反思

本节课是自游戏热身开始的,学生动用了身体多个部位,跟着老师的语言、动作全身心地投入活动,创造模拟了大自然的一个情景,既集中了注意力,又营造了轻松愉悦的课堂气氛,也暗示学生:创造性的活动是让心情愉悦的方法之一。绘本故事的引入,让学生逐步了解了"生气"这种情绪,

通过画出"生气"的样子，引导学生正确面对生气、释放不良情绪，接着跟着小兔子学习怎么去面对它、处理它。最后，激发学生的智慧，汇总每个人的妙计，让他们觉察到：其实我们有办法释放不良情绪，拥抱好心情，做个快乐的人。

四 生活化瞭望

教孩子学会情绪管理的方法

（1）让孩子认识情绪，表达情绪。

让孩子正确认识各种情绪，说出自己心里此时此刻真实的感受。只有知所想，才能知何解。平时引导孩子知道"妈妈好高兴啊""恩，我很伤心"等让孩子知道原来人是有那么多情绪的，我们还可以通过句式"妈妈很生气，因为……""我感到有点难过，是因为……"来告诉孩子自己的情绪来源，同时你也可以问孩子，"你是什么感觉啊？"等对话来引导孩子表达自己的情绪及发现自己情绪的原因，从而提高孩子的情绪敏感度。

（2）让孩子体验情绪，洞察他人情绪。

游戏在儿童的心理发展中起着重要作用，要让孩子在丰富多彩的游戏活动中体验自己的情绪，感受别人的情绪，知道自己和他人的需要。可以透过说故事编故事、角色扮演和孩子讨论故事中人物的感觉和前因后果及利用周围的人、事物，来引导孩子设想他人的情绪和想法。从他人的情绪反应中，孩子会逐渐领悟到积极情绪能让自己和对方快乐，消极情绪会给自己和对方造成痛苦，不利于事情的解决。如果幼儿在表达情绪与控制情绪之间取得平衡的话，便能以建设性的态度表达强烈的情感，而且控制对自己、对他人有伤害的情绪表达方式。

（3）教会孩子适当宣泄不良情绪。

人在有精神压力的时候，如果不宣泄情绪，会导致身心受到损害。在愤怒的时候，适当的宣泄是必要的，不一定要采取大发脾气的方法，可以采用其他一些科学的方法。例如在盛怒时，不妨赶快跑到其他地方，或找个体力活来干，或干脆跑一圈，这样就能把因盛怒激发出来的能量释放出来。

远离生气乐悠悠

青岛八大峡小学　李晓琳

一 课程素材

1. 问卷调查

① 你把所有的小秘密都写在日记里,妈妈趁你不在家时偷看了你的日记,你:

生气( )　　　　不生气( )

② 你在美术课上好不容易画好了一幅自己很满意的水彩画,可同桌碰倒了颜料,你的整幅画都毁了,你:

生气( )　　　　不生气( )

③ 明明是你和同桌一起做的好事,并且为班级争得了荣誉,可老师只表扬了同桌,没有表扬你,你:

生气( )　　　　不生气( )

④ 竞选班长,你落选了。你很清楚,当选的那位同学学习成绩根本不如你,你:

生气( )　　　　不生气( )

⑤ 过生日那天,妈妈给你买了一件新衣服,可今天刚穿到学校就被凳子刮破了,你:

生气( )　　　　不生气( )

⑥ 疲惫的你想趁中午好好休息一下,可是调皮的弟弟总是大哭大闹,你:

生气( )　　　　不生气( )

2. 绘声绘影

(1)中央电视台公益广告《宽容是一种美德》片段。

(2)微课《生气的危害》。

这是一个生活中常见的场景,贴近学生的实际生活,因此学生在探究、思考的过程中也能从自身出发,增强调节自己情绪的意识。

二 课程设计

【课　　题】学习有方法
【年　　级】五年级
【主题背景】

　　心理素质教育课程目标之一是情感调控。儿童在校园学习和其他社会生活中会遇到许多的情绪困扰和情感挫折,遇到事情心情不愉快而产生怒火是正常的,但如果不能调控不良情绪,就会改变自身的心境,产生各种消极的情绪,导致消极的人生态度,不利于学习和生活。五年级的小学生开始处于青春期前期,情绪发展具有较大的情境性、不稳定性和易变性等特点。他们还不能科学调控自己负性的情绪,因而引导学生认识负性情绪,学会调节自己的情绪是十分有必要的。增强学生的理智感,引导学生学会正确面对怒火,学会调节情绪,转换情绪,掌握消极情感的调控方法,保持愉悦心境,学会笑对人生,将会使学生的学习生活更美好,身心更健康。

　　针对五年级小学生的年龄特点,设计一系列的辅导活动,让学生在活动中认识情绪、感受情绪、学会调控情绪。

【活动目标】

　　1. 通过生活中常见的情境展示,引导学生认识生气是一种负性的情绪。

　　2. 结合学习内容和要求,通过绘画的形式体验生气的情绪。

　　3. 在学习中激励学生保持积极的情绪,乐观、快乐地面对生活。

【过程与方法】

　　课前准备:完成关于生气的调查问卷。

（一）游戏导入

　　游戏:反口令游戏"我说坐,你就站"。

　　你刚才做这个游戏的时候心情是什么样的?

　　人的情绪是丰富多彩的,在不同的情绪下人的表情也是各不相同的。我们来做一个小游戏,只用一个圆圈、三条线段来设计人物的表情,看谁设计得最精彩!

　　你希望自己平时是哪种表情?

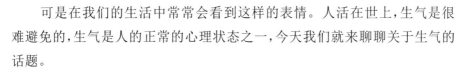

可是在我们的生活中常常会看到这样的表情。人活在世上,生气是很难避免的,生气是人的正常的心理状态之一,今天我们就来聊聊关于生气的话题。

出示视频《宽容是一种美德》片段。

(二)认识生气

听了这位男士和女士的对话,你认为他们的情绪怎样?

你是怎么知道的?

想想人在生气时会有怎样的表现?

(三)体验生气

那最近你有没有出现过生气情绪,或者你见过谁因为什么事生气? 拿起你手中的水彩笔,自由选择颜色和形状,在纸上画画你当时的情绪。

说说当时的情景。如果涉及具体的人物,请不要说出他们的名字,用小 A 和小 B 代替。

(1)虽然这件事已经过去很久了,但是听着你的讲述,我依然能感受到你心中的怒火。

(2)你看,生气不仅让自己难受而且还伤害了别人的感情。

分享完同学们生气的故事后,咱们来做个游戏——情绪气球。

师发给每个小组一个打气筒,组长负责统计课前完成的调查问卷中每个小题小组成员中选择"生气"的数量,有几个选择生气的就打几次气,看看各个小组情绪气球的变化。

总结:对于气球来说,充的气过多,那么气球迟早会爆裂,同样,对于一个人来说,经常生气,也会造成严重的后果。

我们来听听专家的介绍。

说说你看了微课有什么感受?

(四)排解生气

既然生气有这么大的危害,那你有什么好办法让自己不生气,或者排解生气的情绪? 小组讨论,组长负责简要记录在心灵卡片上,每张卡片记录一条。

老师这里有两个能帮助你从生气的消极情绪里平复心情的方法,大家想不想了解?

1. 腹式呼吸法(轻闭双眼,放松肩部、双臂自然下垂,五指伸开,头微微后仰,在感觉舒服的前提下,吸气,深深地吸到腹部,感觉肚子轻轻地鼓起来。再轻轻地、均匀地呼出,感觉腹部肌肉收缩,把腹部的气全部呼出。再反复做几遍)。

2. 音乐疗法(听着这段音乐,你仿佛看到了什么)。

带领学生细致地体验这两种方法并分享感受。

(五)远离生气

再做情绪气球的游戏。说说运用了这些方法,你的情绪气球发生了什么变化?

(六)总结提升

今天我们一起认识、体验了生气这种负性情绪,也学习了科学调控情绪的方法,希望大家能在平时与同学老师、与家人长辈相处时能克制负面情绪,保持积极的情绪。如果你身边的人也正处在生气的情绪中,你也可以运用今天学到的方法帮助他尽快摆脱消极的情绪状态。最后,老师送大家一首小诗,愿大家都能远离生气乐悠悠。

为了小事发脾气,回头想想又何必。

别人生气我不气,因为伤神又费力。

摩擦误会不可避,谁也不是想故意。

娱乐游玩巧转移,深深呼吸平心气。

沟通发泄要合理,冷静放松随它去。

愤怒可以化动力,全凭平时好脾气。

三 实践反思

课前,学生通过完成调查问卷,记录自己真实的情绪状态,感受生活情境中自己对生气这种情绪的觉察,激发了学生的学习兴趣,为后面的课堂活动做好铺垫。通过观看生活中常见的乘坐公共汽车发生争执这一生活素材,进一步增强了学生对生气情绪的体察。

通过行动感悟,从学生最常见的情绪问题入手,牵一发而动全身,引导学生回忆。在教师的引导下,自选颜色和图案,用水彩笔再现自己生气的一个场景,通过交流感受,学生体验到生气是一种既能给自己也能给他人带来伤害的负面情绪,激发了学生进一步探究生气会给人带来哪些危害的主动性,从而为接下来的活动做好牵引。

学生交流了调控生气情绪的方法后,教师通过《莫生气诗》引导学生将这些方法运用到生活中,随时调控自己和周围人的情绪,将课堂所学拓展运用到生活中。

本课的讲授过程中,教师应始终运用描述性的语言点评,以参与者的角度与学生进行平等交流,对学生在活动中产生的情绪体验和分享交流不予以"对"或"错"的评价,而是以倾听、接纳的态度来引导。旨在让学生以积极的状态参与到活动中,让学生在情绪体验的变化中感受到自己心灵的成长,这样既能充分尊重学生的情感体验,又能凸显出学生的学习主体地位。

四 生活化瞭望

经常生气让同学在交往中容易友谊受挫,因为爱生气的人气量较小,往往多疑,这样就容易把无中生有的事情强加于人,甚至把别人的好心当作恶意。

爱生气的人烦恼多,造成注意力分散,注意的范围缩小,想象力不够丰富,思维不够灵敏,因而学习起来容易出错,最终学习成绩受到很大影响。

美国生理学家艾尔马经过研究发现:生气会消耗大量的人体精力,生气十分钟的程度不亚于参加一次 3 000 米的赛跑。生气时,人体分泌出的许多物质是有毒性的,对健康造成有很大的危害。他收集了人在不同情绪下呼出的"气体"。他把心平气和时呼出的"气体"放入有关化验水中沉淀后,无杂无色,清澈透明;悲痛时呼出的"气体"沉淀后呈白色;悔恨时呼出的"气体"沉淀后则为蛋白色;而生气时呼出的"气体"沉淀后为紫色,把"生气水"注射在大白鼠身上,几分钟后大白鼠死了。

心情不妙觅良方

青岛定陶路小学　矫黎

 课程素材

锦囊妙计

乌鸦和乌龟

这是一款比较经典的团体训练活动,操作简单,效果明显,在这里把它设计成情绪调节的活动,主要是希望帮助学生更好地感受情绪的起伏。引导学生在高度紧张和松弛之间迅速变换情绪韵律,一张一弛之间,不同情绪的体验就更显突出。学生就会很容易地谈出"游戏中如果你成功躲开是什么感觉?如果你被抓住了又是什么感觉?"为了帮助学生更好地理解情绪与心理的关系,可在上课前让学生测试自己的心跳速度和脉搏,在游戏高潮中再让学生测试自己的心跳和脉搏,让他们感受一下二者的明显区别。

二 课程设计

【课　　题】心情不妙觅良方

【年　　级】三年级

【主题背景】

"问题"是学生进行自主学习的出发点,是学生思维的发动机。教学中,教师要精心地给学生创设问题情境,引导学生自己提出问题、研究问题、解决问题。本案例中创设了如:你有哪些快乐的经历?当你们被老师批评、被父母责骂,被朋友误解时,紧张、焦虑、害怕,各种烦恼随之而来,那么当你心情不好时,你该如何面对呢?选一个学生生活密切相关的问题情境,让学生运用自己所学的知识解决情境问题,实现知识的迁移,巩固知识的理解,提高解决实际问题的能力。也引导了学生自己探索解决问题,了解知识的产生和发展的过程。

【教学目标】

1. 使学生认识到调节情绪的重要性。

2. 教育学生消除负性情绪的方法。

3. 让学生能够在一定范围内有意识地调节自身情绪的幅度和频率,当遭遇情绪困扰时有能力安抚自己,理性宣泄、解决问题或求助他人。

【过程与方法】

（一）暖身活动,导入新课

同学们,日常生活中你有哪些快乐的经历?当你们被老师批评、被父母责骂、被朋友误解时,紧张、焦虑、害怕,各种烦恼随之而来,那么当你心情不好时,你该如何面对呢?上课前我们先来做一个暖身活动《乌鸦与乌龟》。

1. 活动实施。

学生分组围成一个圆圈,每个人的右手手掌伸平放在他右边学生的左手食指上方;同时,他的左手食指朝上顶住他左边学生的右手手掌。

教师讲故事,在听故事的过程中,学生听到"乌鸦"和"乌龟"这两个词的时候,要迅速去抓右侧人的食指,同时避免自己的左手食指被抓。活动中学生仅可以变换手部的姿势,但不能移动手臂来探抓或逃避。每个人在手部姿势变换后要快速复原。听到其他词的时候不能动手。

2. 故事材料。

森林里有一间小小的城堡。里面住着可怕的巫婆和她的仆人乌鸦。突然有一天,天上慢慢飘来一片片乌云。转眼间就乌黑乌黑的,什么也看不见。在狂风暴雨中,巫婆听到有人在敲门,开门一看原来是一只乌龟还有一只乌贼。它们要求巫婆让它们进屋。巫婆同意了,可是乌鸦不同意,它和乌龟是多年的宿敌。

3. 讨论与分享。

（1）在刚才的活动中你都有哪些情绪体验?（紧张、放松、兴奋、害怕……）

（2）游戏中如果你成功躲开是什么感觉?如果你被抓住了又是什么感觉?

（引导学生使用尽可能多的不同情绪词汇来回答。）

（3）大家都喜欢成功躲开的感觉，都希望自己经常保持愉快的情绪，但不愉快的情绪又总是难免的，不愉快的情绪频频出现或持续太久又对我们的身心发展非常不利，那么消除不良情绪又有什么方法呢？今天让我们一起来觅良方吧。

（二）参与体验，互换角色

陈仪和林健是好朋友。一天，陈仪买了一本新书，林健也很想看那本书，便向陈仪借。陈仪借给他并嘱咐他说："你要爱惜书本啊，不要把它弄折了。"林健答应了。两星期后，林健还书，陈仪接过书，发现书的封面被弄得皱巴巴的，且还有几页被撕破了。她很生气，质问林健："你怎么搞的！？不是叫你不要把书弄坏的吗？！"林健有点委屈："我又不是故意的，你那么凶干吗？"听到对方骂自己凶，陈仪更生气了，声音也提高了八度："凶就凶！不行啊？！不是故意的就很了不起啊？！"林健也不服气，于是两人吵了起来，越吵越激烈……最后不欢而散。

1. 学生讨论：

（1）两个好朋友为什么不欢而散呢？

（2）如果你是林健，你会怎么做？

（3）如果你是陈仪，你会怎么做？

2. 讨论后，教师让学生回答，说出自己的观点。然后教师点评：林健弄坏了同学的书又不道歉，是不对的。而陈仪也不懂得控制自己的情绪，和对方硬碰硬。他们都用了不恰当的方法管理自己的情绪。结果两个好朋友不欢而散。好了，现在请同学们讨论下面的这个问题：当你心情不好的时候，你会怎么做？

3. 讨论后，请同学们回答。教师在黑板写出学生列举的方法。然后让学生指出哪些方法是可取的，哪些是不可取的，并对不可取的方法说出理由。

4. 教师补充消除不良情绪的方法，如：

（1）宣泄。教师指导并强调：宣泄不能在语言或行为上攻击别人；

（2）做运动，看搞笑片等（"行动改变情绪"）；

（3）善于发现和欣赏生活中的美；

（4）制定快乐清单（如做一些自己擅长的事，让自己成功的体验）；

（5）向好朋友倾诉。

（三）忍者无敌，情感分享

1. 活动实施。

每组派出一名选手作为"忍者"面对面坐着，目不转睛地直视对方，必须始终保持面无表情，其他组员可以围在自己组的"忍者"后面，在不碰到两位选手的情况下，尽可能想办法捣乱，逗对方的"忍者"发笑。

2. 讨论与分享。

（1）想笑又不能笑的时候，是什么样的感觉？

（引导学生体验情绪压抑的感受，以及解除压抑后的感受，鼓励他们找到适合的词描述自己的感受。）

（2）你可以从哪些线索发现对方的"忍者"很想笑？

（引导学生观察扮演"忍者"的同学的面部肌肉颤抖、气息变化、胸腹腔震动等细节线索，判断压抑后的情绪。）

（3）邀请获胜方到讲台分享经验：你有什么诀窍？

（引导学生思考情绪控制的方法策略，帮助学生建立游戏与现实情境的联系。）

（四）快乐精灵，共建快乐

伴随着愉悦的音乐《小精灵》引导同学找找使自己快乐的事（角色表演）。

众小精灵：我们都是快乐的小精灵，同学们要找使自己快乐的事，就来找我们吧！

小精灵①：看，同学们在学校里愉快地学习，改掉了自己身上的不足，成绩有了进步，多快乐啊！

小精灵②：在家里，学会干一种家务活，这也是一件快乐的事。

小精灵③：鼓起勇气和老师说说心里话，和老师多亲近亲近，这该有多快乐啊！

小精灵④：同学之间互相帮助，互相关心，想想真快乐啊！

教师总结：同学们，老师很高兴地看到了大家都已找到了使自己快乐的事，现在我也感到很快乐，相信大家今后一定会自己想办法留住这些快乐的事，使自己无论遇到什么烦心事都生活在快乐的环境中！

三 实践反思

俗话说:人非草木,孰能无情?心理学家认为"情绪"是一种复杂的心理历程,而情绪管理,则是个体管理和改变自己或他人情绪的过程,与近些年流行的术语"情商(EQ)"有相似的内涵。中国的传统文化中,对于情绪管理主要强调压抑和忽略,例如"不以物喜,不以己悲""男儿有泪不轻弹""男儿流血不流泪"等。因此,我们的学生无论在家庭还是学校往往被忽视了他们的情绪教育——如何处理和面对自己和他人的情绪。针对这一情况,结合这节活动课让学生能够在一定范围内有意识地调节自身情绪的大小、好坏,当遭遇情绪困扰时有能力安抚自己,理性宣泄、解决问题或求助他人。

小学中年级心理健康教育活动对形式的趣味性相对低年级要求略低,但对于活动的参与性、情感性的要求更高,教师在设计活动时要充分考虑学生年龄特点、班级特点、开展活动的环境条件等。本节课还考虑了学生之间的交往现状这一因素,课前要深入学生生活,留心观察,分层次了解学生的情况,积累了学生情绪管理中的突出问题,为了帮助学生当遭遇困难时有能力安抚自己、理性宣泄、解决问题或求助他人,设计了活动过程四部曲:

(1)暖身活动,导入新课;

(2)参与体验,互换角色;

(3)忍者无敌,情感分享;

(4)快乐精灵,共建快乐。

引导学生思考情绪调控的方法策略,帮助学生建立游戏与现实情境的联系。学生在这一年龄阶段对自身的调控力尚未发展完善,处于萌芽阶段,调控情绪对孩子而言比调控行为更难,情绪调控能力的发展明显迟滞于行为调控能力的发展。因此帮助他们学习情绪调控时切忌操之过急、强硬灌输。本活动中,以游戏娱乐为形式,引导学生练习控制基本情绪(喜悦、愤怒),帮助学生开始有意识地思考自身情绪调控问题。

四 生活化瞭望

五岁女儿播下的"积极"种子

美国著名心理学家塞里格曼在担任美国心理学会主席数月后的一天,

与五岁的女儿在园子里播种。他的女儿叫尼奇。塞里格曼虽然写了大量有关儿童的著作，但实际生活中对于孩子并不算太亲密，他平时很忙，有许多任务要完成，其实种地也只想快一点干完了。尼奇却手舞足蹈，将种子抛向天空。塞里格曼叫她别乱来。女儿却跑过来对他说："爸爸，我能与你谈谈吗？""当然"，他回答说。"爸爸，你还记得我五岁生日吗？我从三岁到五岁一直都在抱怨，每天我要说这个不好那个不好，当我长到五岁时，我决定不再抱怨了，这是我从来没做过的最困难的决定。如果我不抱怨了，你可以不再那样经常郁闷吗？"塞里格曼产生了一种闪电般的震动，仿佛出现了神灵的启示。他太了解尼奇的成长，太了解自己和自己的职业。他认识到，是尼奇自己矫正了自己的抱怨。培养尼奇意味着看到她心灵深处的潜能，发扬尼奇的优秀品质，培养她的力量。培养孩子不是盯着他身上的短处，而是认识并塑造他身上的最强，即他拥有的最美好的东西，将这些最优秀的品质变促进他们幸福生活的动力。这一天也改变了塞里格曼的生活。他过去的五十年都在阴暗的气氛中生活，心灵中有许多不高兴的情绪，而从那天开始，他决定让心灵充满阳光，让积极的情绪占据心灵的主导。继而，塞里格曼将这种关心人的优秀品质和美好心灵的心理学，定位为积极心理学。

　　积极的情绪和体验是积极心理学研究及关注的中心之一。一个心理学研究表明，具有积极情绪的人比一般人更能忍受痛苦。一个将手伸进冰冷的凉水的实验是这样的。在冰水中普通人伸手，只能忍受60到90秒钟，但在积极情绪测量中最出色的人，得分最高的人，或者一个具有积极的情绪的人，往往能忍受的时间要长一些。对于积极情绪，B·L.·Fredrick（1998）提出了拓延——构建（broaden-and-build）理论，认为某些离散的积极情绪，包括高兴、兴趣、满足、自豪和爱，都有拓延人们瞬间的知——行（thought-action）的能力，并能构建和增强人的个人资源，如增强人的体力、智力、社会协调性等。

第四单元　人际关系

　　人在生活中遇到各种压力,若超出自身承受力,在不会或不及时调整自己,就会出现焦虑、抑郁等负性情绪。这时,你很可能会想到寻求社会支持,而这个社会支持之一就是良好的人际关系。

　　人一生要处理多种关系:家庭中的父母关系、学习工作中的同伴关系、上下级关系、师生关系等。只有在轻松和谐的氛围下,才能充分调动人的积极性,为各项工作提供强大的动力和支持。

　　只要心中有爱,我们可以尝试着去做:

• 微笑(微笑很重要,你会感到世界变得美好起来)

• 赞美(用心发现别人的优点,适时赞美,看看会有什么反应)

• 共情(能够设身处地从别人的角度考虑问题)

• 倾听(让他人感觉到你的关怀与理解)

• 己所不欲,勿施于人(自己不愿意,不强加给别人)

• 换位思考(如果能换个角度想想,会更好地理解别人)

学会与人合作

青岛定陶路小学　矫黎

一 课程素材

1. 游戏一：我来拍你来做。这个热身游戏让学生初步感受到合作需要默契，同时调动学生活动的积极性。

2. 游戏二：拼五官。这个主体游戏让学生体验到"合作中需要在听取别人意见的同时不断完善自己的意见。合作需要相互包容"。

3. 游戏三：巧排扑克牌。这是一个学后导行的环节。在没有指派领导者的前提下，每个人看不到自己头上的扑克牌，只能借助外力了解自己的牌，并按照牌的数字大小、花色变化自动排成一列。这就需要将前面所学的合作技巧充分利用。

二 课程设计

【课　　题】学会与人合作

【年　　级】五年级

【主题背景】

　　小学五年级的学生正处在青春期的前期阶段。生理和心理特点变化明显，是培养学习能力、情绪能力、意志能力等的最佳时期。在学校的各项活动中他们也开始承担主要任务，因为情绪多变、能力、经验有限，会让他们在人际交往中处处"碰钉"。不合群、不善于与人合作的弱点，是现在学校中多发的现象。因此设计本课，帮助学生感悟到合作的乐趣，培养在人际交往中互助互爱的合作意识，提高学生的人际交往能力。

【活动目标】

1. 在活动体验中，学生感悟到合作的乐趣。

2. 通过脑力激荡，集体探索并练习合作的技巧。

3. 培养在人际交往中互助互爱的合作意识，提高学生的人际交往能力。

【活动过程】

(一)暖身导入:初尝合作

活动:我来拍你来做。

游戏规则:两人一组,当看到同伴掌心相对时,就击掌表示。(引领者两手相对上、中、下移动,移动速度要不断变化)

交流:两次活动带给你怎样的感受?

(二)体验感悟:再探合作技巧

1. 活动二:拼五官。

活动规则:每组信封里都有11块拼图,每个人只能用一块,小组8人合作,1分钟内完成一张人脸拼图。合作中尽量轻声细语。

2. 小组合作,教师巡视,看计时器。

3. 分享感悟,合作技巧。

在你们的小组中刚才成功的合作是哪个环节?合作遇到问题时是什么原因,你认为需要什么就能解决?

根据学生的交流,捕捉关键词,请学生贴到黑板上:

分工　谦让　信任　配合　理解　包容

温暖　力量　个性　关心　欣赏

(三)快乐行动:我们在一起

1. 活动三:巧排扑克牌。

活动规则:

每人代表一张"扑克牌",不能出声。

将扑克牌按照同一花色、从小到大顺序排列好后,成一竖列站在老师面前。

限时3分钟。

2. 交流分享。

刚才的活动,你运用了哪些合作技巧?在今后的生活中还需要培养自己具有哪些合作技巧?

(四)课堂总结:谈谈我的收获

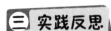

三 实践反思

本次心理辅导活动课以游戏式活动贯穿始终。以游戏作为中间媒介将被辅导者的内心世界投射出来，进而在自娱自乐中完成"感受自我"、"认识自我"、主动投入，放松地表现自我一系列过程。

《我来拍你来做》，这个活动比较简单，学生在开始的不合拍的情况下，在5～6次练习后，就能合上节拍。学生在游戏中感受到合作需要相互理解。

《拼五官》，这个活动有一定难度，学生在初次尝试时，会因为互不相让，或者以自己的意见为主而拼不出一张完整的人脸。因为每一种器官都有两套不同的样子。这就要让学生感受到：集体合作中要人人相互信任、包容、理解、合理分工……

《巧牌扑克牌》是将本课所学合作技巧进行运用。这个游戏学生因为年龄原因，对扑克牌的花色还不是很了解，所以教师在使用时，可根据班级学生情况有意识将扑克牌去掉一部分。这个活动很好地检验学生掌握并巧用合作的程度。学生第一次接触开始会很盲目，甚至有的学生会主动脱离集体，站在一边观望。这时需要教师适时关注，给组内成员以提示，不要丢下任何一个学生。

四 生活化瞭望

合作游戏"巧运鸡蛋"

活动方法：以小组为单位，小组内的每个组员只能拿一支筷子，一起把鸡蛋用筷子从桌子一边的一次性杯子上运到桌子另一边的一次性杯子上。

活动要求：

（1）每运一个鸡蛋必须组员都参加，每个人只能拿一支筷子。

（2）必须把鸡蛋从桌子一边运到桌子另一边的一次性杯子上。（距离为从一头的桌角到另一头的桌角，鸡蛋放在倒扣的纸杯上面）

（3）必须用筷子来运，不能用手接触鸡蛋或借助其他工具。

（4）时间为5分钟。

沟通,从心开始

青岛贵州路小学　崔洁

一 课程素材

1. 游戏体验

　　一起来画画。活动目的:通过游戏体验有效的信息沟通要素包括准确表达、用心聆听、思考质疑、澄清确定等。活动要求:(1)不说话。(2)通过眼神交流和你就近的同学快速结成两人搭档。(3)与你的搭档共同画一幅画,不限定主题。(4)每人一次只能画一笔。

2. 校园剧场

　　以学生在学校生活中最常见的素材,如学习用品被人碰坏,言语行为沟通不畅,导致人际关系紧张为例,指导学生从认真倾听、真诚表达、非肢体语言等方面进行有效沟通。

二 课程设计

【课　　题】沟通,从心开始

【年　　级】四年级

【主题背景】

　　小学阶段是人际关系形成的最初阶段也是重要阶段。孩子在家庭里多是宠爱有加,很容易导致自私、嫉妒、自我中心、不合作、唯我独尊等特点。其次,现代科技的发展使得孩子们更多的是面对电视机、电话、电脑网络等,而缺少与人面对面交流沟通的机会,加之父母的过度保护和管束等,造成儿童人际交往和人际关系方面的问题,已经明显地摆在了教育者面前。因此唤起学生主动交往意识、帮助学生疏通交往渠道、掌握交往技巧、提高交往能力,利于学生积极主动地适应环境,应对各种问题。

【活动目标】

1. 学生了解沟通的重要性,并增进其人际沟通意识。

2. 帮助学生掌握语言沟通技巧,提高面对面沟通能力。

【过程与方法】

(一)暖身活动:一起来画画

1. 规则:

(1)从现在开始,不说话。

(2)通过眼神交流和你就近的同学快速结成两人搭档。(没有搭档的同学举手示意老师)

(3)与你的搭档共同画一幅画,不限定主题。

(4)每人一次只能画一笔。

2. 活动体验。

3. 交流分享。

(1)大家对自己的画感到满意吗？ 为什么？

(2)你觉得怎样就能画好这幅画？ 看看规则,去掉哪一条,我们就可以了解搭档的想法。

(二)发现问题

1. 回想自己平日生活中与他人进行沟通时,有没有存在困难的情况？沟通困难时,会带给自己什么样的感受？

2. 沟通小调查。

(三)沟通窍门大揭秘

1. 生活再现。

小明有事快步走出教室时,无意中碰了一下小丽,因为走得急,他未加理会,更未察觉自己已经不小心碰掉了小丽手上的铅笔盒,盒里的文具撒了一地。小丽同学捡起来一看,发现铅笔盒被摔得有些变形了,她心里很不高兴,追上小明。

小丽:哎,你这个人怎么搞的,没长眼睛呀! 把我的铅笔盒摔到地上了!

小明:你才没长眼睛呢! 我又不是有意的。再说,是我碰掉的吗？ 可别诬陷好人哪! 一个小小的铅笔盒,有什么大不了的？

小丽：怎么，摔了人家的东西，你还嘴硬，你……

2. 头脑风暴。

（1）哪些语言让你感到不愉快、不舒服？

（2）这两位同学如果要成为好朋友，他们应该怎么说、怎么做呢？

各小组讨论，然后代表分享各组讨论的观点；然后选几个学生把自己的意见用角色扮演的形式展示出来。

3. 沟通妙招：

（1）尊重别人，态度平和，不乱发脾气；

（2）表情温和，注意说话语气；

（3）宽容别人，不斤斤计较，大事化小，小事化了；

（4）主动道歉；

（5）积极询问；

（6）及时展现微笑；

（7）必要的肢体接触（拉手、拍背、拥抱等）

………

4. 游戏对对碰：读懂你的表情和动作。

卡片出示一组是表情和动作词语，一组是表达表情和动作的意思的句子。将表达同一动作和表情的两张卡片放在一起。

（四）学以致用——再次作画

规则：

与你的搭档共同画一幅画，不限定画的主题。

每人一次只能画一笔。

可以语言沟通。

三 实践反思

"同桌共同作画"的生活化情境，让学生在体验中觉察到自己平日人际交往的模式，同时发现问题，激发学生想要解决问题的自觉主动性。教师又创设学生校园生活中常见的"文具盒"事件，学生在头脑风暴中找到解决方法，并且在角色扮演中进行行动体验。这个环节一定要做充分，如果本班级中有最近发生的人际关系紧张事件，可以在这里作为事例进行方法的活用。

避免说套话、相互简单的道歉,品德教育的味道要淡化、方法训练是重点。

　　最后再次作画中将本节课所学、所思、所悟,进行整合性的应用。学生在作画中也能当堂检验自己所学知识在生活中的有效度。

四 生活化瞭望

　　1. 《身体语言密码》,作者(英)亚伦•皮斯、芭芭拉•皮斯。

　　2. 非语言沟通一般可以区分为动态和静态两种。

　　静态非语言沟通包括容貌、体态、声调、衣着、服饰以及仪表。

　　动态非语言沟通可根据所使用的符号系统分为以下四类:

　　动觉系统:手势、表情、体态等;

　　超语言(额外语言):音质、振幅、音调、停顿、流畅、语气、速度等;

　　时空接近:时间、空间、朝向、距离等;

　　视觉沟通:目光接触等。

我和老师交朋友

青岛贵州路小学　崔洁

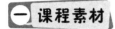 **课程素材**

1. 绘声绘影

搜集现任班级任课老师的生活照片或录像,最好有一张"全家福"照片,不能到活动现场老师对本班学生评价的录像资料。学生在校园或生活中兴趣爱好照片资料。

2. 锦囊妙计

生活化游戏活动:同舟共济的游戏搭建了一个平台。让师生在一起面对困难解决困难。在一起搭乘"小船"的过程中,师生相互信任,相互鼓励与支持。

学生感受到老师的亲切和智慧。

二 课程设计

【课　　题】我和老师交朋友
【年　　级】五年级
【主题背景】

教师课题的设计源于生活、符合孩子们的年龄特点和心理需求,这是心理健康教育课选择的前提。升入五年级,语文、数学老师会有所更换,各任课老师也更换了,学习内容深了,学习进度快了,不同老师的教学风格和原来老师的风格不同,学生会产生陌生感、紧张感,不知如何适应老师的要求和不同的教学方式以及教师个人的性格特点,不知如何去和老师沟通、协调。许多学生会出现学习不适应的现象。如老师提问不敢回答;作业不能按老师的要求完成;不敢主动发表自己的意见或见解;甚至在感情上、行动上也缩手缩脚,唯恐给教师留下不好的印象。这样极易造成紧张、不安的心理压力,使学生处于一种戒备、焦虑的状态之中,对心理健康造成一定的危害。基于上述学生在新学期对新老师们不适应的心理状况下,设计了这一堂心理健康教育课。

【活动目标】

学生通过与老师面对面的交流,消除师生之间的隔阂,增进师生之间的了解;使学生能很快进入高年级阶段的学习,从而适应五年级的学习生活。

【过程与方法】

(一)走进孩子们的学习生活

1. 升入五年级,你发现和以前的学习生活有什么不同?

2. 本学期你又认识了哪几位老师?他们给你的印象怎样?

(二)生活绘画——画出心中的老师

1. 刚才大家对老师们都有着不同的感受,如果用生活中大家熟悉的水果来表示这种感受,你会想到什么?

2. 大家现在把你想到的水果画下来。

3. 谁愿意和大家分享一下你的画。

(教师选取学生感觉舒服和不舒服的画各两幅。)

(三)走进生活,了解老师

1. 大家对老师的这些不舒服的感受多数是来自课堂,你们想不想知道生活中的老师是什么样子的?我们现在一起来看看生活中的老师是什么样的?(照片出示不同学科老师生活照:通过全家福了解老师的不同角色;老师在体育运动;老师在唱歌;老师在旅游;老师在学习等)

2. 现在你对老师有了什么新的认识?

(四)生活游戏:同舟共济

1. 规则:

(1)将全班学生按照大约 10 人分组。

(2)全组师生一起站在一张报纸上。

(3)给每个组 5 分钟的练习时间,等练习结束后,进行全班演示。

2. 活动体验。

3. 体验分享：

小组成员是怎样达到动作一致,出色完成任务的? 好主意是怎样产生的?

（五）绘画安抚

1. 再看看刚才的画:臭臭的榴莲;扎人的菠萝;长满毛毛的红毛丹,我们来做一个游戏,我们一起来接力作画。六人一组,针对一幅画进行接力作画。

2. 看着大家一起做的画,你现在又有了什么不同的感受?

（对老师多元化的了解,可以缓解学生的焦虑情绪）

三 实践反思

本课尤其适用于三、五年级这种中高年级分水岭的学段,同样适用于师生关系紧张的班级。

当学生通过看到老师生活的全家福照片,他们很兴奋认识到老师也是普通的人,也有自己的生活和爱好。学生能更全面地看待老师了,教师在学生心目中不再只是严厉的形象,在一定程度上拉近学生与教师的心理距离。这里体现了"教育即生活"理念。

"同舟共济"这个团体活动为参与者提供了一个良好的人际沟通的场所,创造了一种信任、温暖、支持的团体氛围,学生在游戏的亲身体验中,深深地感受到与老师在一起的快乐;感受到老师对他们的关心、爱护;感受到老师的平易近人;感受到老师的智慧,从而产生对老师的敬佩感。学生在活动中看到老师不再像课堂上那样危言耸听,不敢接近了。学生喜欢并敢于主动和老师接触了。老师也真正地走进学生,倾听学生的心声,感知学生的心理需求。

这一游戏式活动的设计可谓巧妙,它将师生间的隔阂化解得悄无声息。从这个团体游戏辅导可以得到互相支持,集思广益,团体心理辅导结合一定的心理训练和辅导,对于提升人的心理素质和综合能力具有特别重要的意义。游戏式活动在这里的作用真是"随风潜入夜,润物细无声",它很好地体现"做中学"理念。

最后当学生用心语卡这种书信的形式与老师交流,将学生难以启齿的情感或想法,通过文字表达出来。这种方法既适用于平日忙碌的老师,更适用于性格腼腆、胆小的学生。

四 生活化瞭望

1. 祁成军《师生关系:权威解体与理性共建》。

2. 陶宏开《孩子都有向上的心》。

3. 体现师生关系的电影。

中国:《返老还童》《一个都不能少》《上学路上》《美丽的大脚》。

美国:《录取通知书》《冲锋陷阵》《风雨哈佛路》《春风化雨》《超脱》《蒙娜丽莎的微笑》《弦动我心》。

法国:《放牛班的春天》。

印度:《地球上的星星》《三傻大闹宝莱坞》

日本:《垫底辣妹》

同伴交往我可以

青岛朝城路小学　崔倩

一　课程素材

1. 绘声绘影

　　《写给海洋》这首曲子的使用,营造一种安静、开放、自由的氛围,学生在音乐中,走进自己的心灵世界。第二首曲子《童年》的使用,是在学生和伙伴相互交流心声的过程中使用,营造一种童年美好、友好相处值得珍惜的氛围。音乐疗法的使用,有一定的疗愈作用。

2. 校园剧场

　　角色扮演法是一种非常有效的培养学生人际交往能力的方法。因为在现实生活中由于角色不同所以会引起角色冲突,那么,让学生扮演不同的社会角色,学会站在不同的角度分析处理问题,了解他人的需求,体验他人的感受就会有助于我们理解他人的处境和立场,原谅他人,化解怨恨,融洽相处,能宽宏大量地谅解他人的过失、冒犯、误解甚至对立,可以达到改善交往的目的。

二　课程设计

【课　　题】同伴交往我可以

【年　　级】四年级

【主题背景】

　　小学中年级学生因对于朋友的定位还没有成型,他不知道怎样去与人交往,不懂得怎样去谦让别人、化解人际冲突。学生因为人际交往经验不足,单凭自己往往想不出解决办法,因此我们容易看到在校园生活中被孤立、被欺负、被羞辱的现象。教给学生人际交往的技巧,有助于他们身心健康成长。

【活动目标】

1. 在绘画中释放人际交往中的负性情绪,感受到同伴交往的重要性。

2. 在体验分享中,了解并能掌握适合自己的同伴交往技巧。

3. 激发学生与同伴交往的意识。

【过程与方法】

(一)心情天气预报

1. 出示四组照片,讨论:

(1)同伴之间误解时大吵、玩闹时动手打架、失去朋友时伤心、离间别人看到这些画面让你想到什么?

(2)你们有过这样的经历吗?

2. 绘制心情"天气预报"

你有过和朋友不开心的时候吗?如果把当时的心理感受用大自然中的天气现象来表示,你会想到什么?

3. 交流分享:各自的心情天气预报画

(二)生活心理剧

1. 校园心理剧表演。

故事一:在新环境中,芳芳很容易和别人交上朋友,我却不行,我很苦恼……

故事二:亮亮总是喜欢和别人开欢笑,可是有时候就会和同学开过了头,争吵了起来……

故事三:小刚特别能表现自己,我们聊天都是他在说,根本总插不上话,我们做游戏他总是要指挥,我们不愿意和他在一起……

故事四:我直爽地指出同学的缺点,可是他们很多不乐意,还不理我……

选取其中的一个故事,和伙伴一起表演。

2. 交流分享。

表演者和观察者从不同的角度进行交流,自己表演时和观察时的感受。

3. 头脑风暴:化解交友矛盾的妙招。

深呼吸、避免冲突、化解矛盾、尊重别人、真诚相待等。

（三）自我修复

1. 再看看刚开始你画的画,还有哪种不舒服的感觉吗? 现在你想添加些什么,表达你此时的感受。

2. 和你的朋友面对面地交流(各自在原画上添加)。

三 实践反思

本节心理辅导活动课以学生互动为中心,选取了学生平日学习生活中的场景,以小组为单位进行角色扮演,体验角色感同身受。这种合作学习的过程就是同伴交往能力的培养。在活动中我还注重培养学生"五会":

学会倾听,不随便打断别人的发言,努力掌握别人发言的要点,对别人的发言做评价;学会质疑,听不懂时,请求对方作进一步的解释;乐于陈述自己的想法,修正他人的观点;勇于接受他人的意见修正自己的想法;学会组织、主持小组学习,能根据他人的观点,做总结性发言。

一次次的体验、分享,学生在无形中学习和运用同伴交往的技巧,每个人都有了成长。

四 生活化瞭望

培养学生良好的人际交往品质

1. 学会倾听、交谈。

越是小的孩子越不会倾听,我们可以用眼神示意对方"我在专心听你讲话",不要打断对方的话,适当时抱以肯定的回答。

2. 学会赞美、感谢。

真诚、适时适当地赞美于人于己都有利。学会感谢,学会感恩,并且要用行动表现出来,即使是一个微笑一句真诚的感谢,你都会令别人愉快令自己也感到幸福。

3. 学会拒绝、解释。

在与人相处中,学会说"不",坦诚自己的困难,学会委婉地拒绝别人,既使自己不为难又使别人心无芥蒂地接受你的拒绝,这就是拒绝的艺术了。

4. 学会宽容、尊重。

宽容别人的缺点,缺点是每个人都有的。宽容别人无心的过失,那常常是他们也不能去主宰的。尊重别人,不嘲笑、不挖苦别人。

5. 学会分享、合作。

用心体会与他人分享的意义,学会分享。领悟互相信任、互相谦让、互相配合、合理分工等合作的行为基础,掌握一些合作的技巧和规则,培养自己与人友好合作的良好心态和合作意识。

请别为我担心

青岛新昌路小学　王珺

 课程素材

1. 故事宝库

　　几米《请别为我担心》整本绘本由多个单元构成,每个单元里面有很多幅画。本课节选了三幅图片:

　　你担心无法在天空漂亮翻滚——我担心你的安全

　　你担心小猫坐不稳——小猫从来不担心

　　你担心还不快快长大——我担心你离我越来越远

2. 绘声绘影

　　学生提供的家庭生活照片。

　　上课请学生看图片或照片,设计场景对话。这个活动采用的是心理学的投射原理。投射在心理学上的解释,所指个人把自己的思想、态度、愿望、情绪或特征等,不自觉地反应于外界的事物或他人的一种心理作用。用一幅静止的画面让学生设计角色对话。从设计的对话中就能投射出学生和父母之间的关系,并发现主要冲突的表现形式。

二 课程设计

【课　　题】请别为我担心

【年　　级】六年级

【主题背景】

　　六年级学生开始进入青春期,此阶段孩子的心理成长特点是自主意识增强及对父母权威的质疑,导致原有儿童期亲子关系格局被打破,进入从父母居支配地位的单向权威,向亲子双方居于相对平等的地位的双向权威转变时期。其直接表现便是亲子冲突的增多,其中无效的平行线或沟通方式无形中又成为亲子冲突的助力。针对这些特点设计此课。

【活动目标】

1. 学生在活动中尝试从自己和父母的多个角度重新体验亲子互动中的事件,感受到父母对自己的"叮嘱"里有一份爱的担心。

2. 学会用恰当的方式与父母沟通,清晰表达自己的情绪和观点。

3. 通过活动搭建良性沟通的桥梁,改善亲子之间的关系。

【过程与方法】

(一)热身活动

1. 联想对话:出示一幅父母正在对孩子讲话的照片。

1分钟写出图中妈妈说的话,图画中的孩子的感受。

2. 回忆自己和父母在生活中相处的画面,父母的哪一句话出现的频率最多?把这句话写在对着的卡片的一边。

(二)绘本阅读

1. 在温馨宁静的音乐中欣赏绘本《世界别为我担心》的片段。

2. 交流分享:

哪幅画面给你的感触最大?

让你想起了什么?有何启发?

分享中体会父母对儿女复杂的情感,充分表达出自己对成长的渴望。

3. 现在再看看刚开始时写的纸条,你发现在父母言语和行为中藏着的"担心"了吗?能否"破解"一下"唠叨"的密码?

妈妈总是唠叨我要多穿衣服,她在担心我的健康。

4. 担心变关心。

(1)请两个同学扮演:

A. 扮演让孩子喝水的妈妈。	B. 喝水的孩子。
孩子,天气这么热,快喝口水吧?	不,我不想喝,别烦我。
孩子,天气这么热,快喝口水吧?	行,我会记得喝的。
孩子,天气这么热,快喝口水吧?	谢谢妈妈,我现在不是太渴,一会儿我会喝的。天这么热,您也要多喝水呀。

体会:不同的答复,给妈妈的感觉不同。

（2）试一试：在你的纸条上写上自己的对话,在小组里面试验一下效果怎样?

5. 我的妙招：除了语言上表达清楚,我们还可以怎么做?

（三）心灵对话

1. 冥想对话：

在音乐声中放松,想象对父母说：

对不起,以前我只看到您的焦急,现在我知道了您的担心中有那么多的爱。

谢谢您,感谢您一直都陪伴我成长,我在慢慢长大,会越来越有力量,我会慢慢学会照顾好自己。请您别为我担心。

2. 看一看刚上课写的烦恼卡片,用我们这节课学会的沟通方法写一张给父母的沟通卡。

（四）相互交流自己写的卡片,说说自己这节课的体会

三 实践反思

活动2从绘本阅读开始,精心选择了3幅图片,分别从三个不同的角度引发学生从画面体会,从文字感悟,到联系生活中的事件分析,层层深入体会感受与父母之间不同的视角和心态。

在体会到父母的言行是爱的担心之后,从语言沟通到积极行为两方面尝试,找到让父母不为自己过度担心的方法。

四 生活化瞭望

小学生亲子关系的发展特点

亲子关系指的是儿童与父母之间的关系。虽然小学生的人际交往逐渐丰富起来,与同伴的交往也明显增多,但与父母仍保持着亲密的关系。父母、家庭仍是他们的"避风港",小学生对父母怀有浓厚的感情。家长的待人处世态度对孩子形成正确的人际交往观有着重要影响。因此,小学生与父母的关系在其发展上仍起着重要作用。研究表明,小学生亲子关系的状态呈波浪式发展趋势。儿童在三年级时,由于年龄小,有较强的依恋性、依赖性,

父母也对孩子关爱倍增,亲子间的关系特别好。随着年龄的增大,到了四年级,儿童的独立性强起来了,反抗情绪也增强,总希望能独立处理一些事情。而在父母眼里,孩子始终是不懂事的,需给他们掌舵,因此亲子间关系有下降趋势。到了五年级,亲子间关系又有所好转。因孩子逐渐懂事,又面临升初中的考验,父母也非常关心孩子的学业。彼此间的关爱,密切的交往,会促进亲子关系向良好状态发展。到了六年级,孩子将进入少年阶段。

他们随着自我意识的发展,独立性的增强,第二次"诞生期"的来临,在心理上出现了"断乳"现象,表现为由对父母的依恋转向与父母疏远,由顺从转向倔强。不少父母在心理上缺乏准备,在相关知识上很少了解,他们把子女远离父母并要求成为一个完全独立的自我,误认为不仁、不义、不孝,因此感到伤心,继而责怪孩子。这样就会造成子女的逆向情绪,从而扩大了亲子之间的矛盾。

面对欺负

青岛贵州路小学 崔洁

 课程素材

绘声绘影

视频资料

A. 小红经常和几个同学取笑小丽是："瘦猴！脑残！"，小丽总是一个人躲在角落……

B. 小刚和小亮最近因为玩游戏闹别扭，课间小亮找来了六年级的表哥，把小刚堵在厕所里……

乐曲资料

《空》这首清幽淡雅的纯音乐，能让人在静心、放松、舒缓的状态下，打开内心的世界。在画欺负情境或感受环节时使用。

二 课程设计

【课　　题】面对欺负

【年　　级】三、四年级

【主题背景】

学校欺负或校园欺凌问题成为一个全球性的热点问题。学校欺负对正处于成长发展中的儿童青少年的身心以及学校环境和教育等有着多方面的危害。调查发现小学阶段言语欺负、身体欺负行为方式略多于关系欺负行为。针对中年级学生自我认知、人际交往能力的发展，欺负行为开始增多，受欺负后的认识和应对方法欠缺等问题，故设计此课。

【活动目标】

1. 通过视频和绘画，表达面对欺负的心理感受。

2. 通过脑力激荡，集体探索并练习欺负的应对技巧。

3. 培养在欺负情境下的保护意识。

【过程与方法】

（一）画说欺负

1. 视频导入。

思考这是一种什么行为？

2. 画欺负情境或感受。

在你的生活中有没有遇到或者看到、听到欺负的事情？画下当时的情境或感受。

指导语：（播放音乐《空》）

请把双手放在膝盖上，身体靠在椅子上放松地坐好，闭上眼睛，在音乐中打开自己的回忆之门，回想着那件令你印象深刻的欺负事件。让我们回到发生欺负行为的那一刻，仔细看看，你是谁？是欺负者？被欺负者？还是旁观者。你的眼前出现了谁？他们之间发生了什么事？看着你的表情、神态和动作，静静地感受这个情境带给你的感受。（指导语言一定要慢，缓缓进行）现在慢慢地睁开眼睛，回到这里，把刚才看到的人或者事通过做画表现出来。我们所进行的绘画无所谓好坏，不讲究技巧。时间3分钟。

3. 说欺负事件和感受。

欺负行为我们都曾经历或者遇到过，它给我们带来了很多的感受。现在和你身边的伙伴说说自己的故事以及你当时的感受？

老师出示课前欺负行为的调查统计。这些欺负行为对你的生活和学习有影响吗？能具体说说？

（二）面对欺负

1. 自主探究。

以小组为单位（分4组），分别给欺负者、被欺负者和旁观者支支招，注意：我们的方法是既不伤害自己和对方，又利于对方成长的方法。写在锦囊妙招卡上。

2. 方法练习。

（投影出情境）小明和同学在操场上打篮球，几个五年级的大哥哥来了，气势汹汹地说："闪开！小屁孩，一边玩去！"小明看了他一眼，还没等说话，篮球就砸向小明："不服气，我看你是找揍！"……

分别选欺负者、被欺负者、旁观者三个角色，教师指导学生进行应对练习。

（三）集体想象练习

（四）绘画修复

请你再次拿出画笔，加上几笔，把它画成一幅美丽的图画，画好后可以给它起个喜欢的名字。分享你画的画。说说这节课你有什么收获？

三 实践反思

欺负行为调查表

身体欺负	言语欺负	关系欺负
打、踢、抓、咬、推、撞或威胁； 抢夺、破坏物品； 勒索敲诈	给别人取难听的外号； 辱骂、嘲笑、讽刺、挖苦、别人 的外貌、穿着、口音等	背后说人坏话 挑拨离间 干部以权压人

实施科学的干预措施，能够有效减少学校中欺负事件的发生。学校开展欺负干预时，以下因素特别重要。

1. 加强培训。

学校欺负干预主要靠实践工作者，特别是教师来实施。教师认识到欺负对卷入其中的儿童身心以及学校环境和社会秩序的危害、认识到学校欺负普遍发生性，并对教师进行具体的欺负干预策略培训以使其具备足够的能力应对欺负，是学校欺负干预首先要考虑的问题。

2. 营造氛围。

学校的风气和整体氛围对欺负干预效果有重要影响。在班级水平与个体水平的干预策略之外，还需建立学校乃至社区水平的反欺负政策。

3. 关注差异。

在个体水平上，儿童欺负他人或受欺负的原因多种多样，同时欺负者或受欺负者的个人特点也千差万别。因此，个体水平的干预策略需具体考虑中小学生在欺负事件中所扮演的角色及个人特点，以采取有针对性的措施。

4. 较早干预。

在较早的年龄段，如学龄早期甚至幼儿期，就鉴别出有欺负（攻击）行为危险和易受欺负的儿童，及早进行干预。一旦欺负者习惯于以攻击性的方式行事，受欺负者开始重复受到欺负，两者间形成稳定的欺负–受欺负关

系,则欺负干预实施起来就较为困难。

5. 同伴作用。

学校欺负干预需充分考虑到同伴在欺负事件中所起的作用,欺负干预计划需包括针对同伴群体的措施。

四 生活化瞭望

萨提亚冰山理论

沟通有 3 个要素:文字语言、声音语言、肢体语言。

文字语言传达信息,声音语言传达感觉,肢体语言传达态度。55%身体语言,38%语调,7%言语

不一致的沟通类型有以下几种:

1. 讨好型:这类人约占 50%。不尊重自己真正的感受,但关心人。

2. 指责型:这类人约占 30%。习惯于攻击和批判,自信。

3. 理智型:这类人约占 15%。总是逃避与个人或情绪相关的话,理智。

4. 打岔型:这类人约占 0.5%。习惯于插嘴和干扰,有创造力。

上述四种姿态,没有一个是平衡而有益的。理想的沟通是一致型沟通。

第五单元　学习能力

　　小学生全面的学习心理内容包括学习动力、学习能力、学习力训练三大部分，根据这三部分内容又可以分为八个方面：目标、兴趣、自信、毅力、习惯、记忆力、学习技巧、考试技巧。以这八个方面为系统，通过小学心理课堂教学活动，让小学生建立起一个积极的自我意识。既可以从根本上解决小学生学习上的问题，还可以让每个学生全面地掌握学习方法，从而获得持久的学习动力。使学习成绩有一个持续的提升，全面促进小学生的身心素养系统和谐的发展。

　　从以上内容宗旨出发，本单元的生活化案例，突出学生是学习的主体，选取素材符合小学生的生活特点，有利于激发学生学习的能动性，引导学生主动参与学习过程；有利于促进学生把感受与知识相连接，构建自我成长框架；有利于培养学生学会觉察、学会感悟、学会创新的学习品质，从而储备良好的学习心理素质，形成持久发展的学习素养。

　　在本单元共提供了6个生活化案例，这些案例主题分别涉及了学习兴趣、学习心态、学习方法指导、时间管理、注意力训练、考试心态六个方面的内容。其中每个案例设计均包括素材简介、生活化教学设计、生活化素材使用效果等几个板块，每个案例的最后均设计了相关链接，为教师们更好地开展不同主题的心理教学活动提供了有利的参考。

兴趣让我爱学习

青岛大学路小学　郭琳

一 课程素材

1. 故事宝库

2001年5月,美国内华达州的麦迪逊中学在入学考试时出了这么一道题目:

比尔·盖茨的办公桌上有五个带锁的抽屉,分别贴着财富、兴趣、幸福、荣誉、成功五个标签,比尔总是只带一把钥匙,你来猜猜他带的是哪个抽屉的钥匙。

你的答案是什么? 请说说你的理由。

后来,有位学生写信向比尔请教答案。比尔在回信中写了这么一句话:在你最感兴趣的食物上,隐藏着你人生的秘密。你怎样理解比尔信中的这句话呢?

2. 问卷调查

若你感到"非常符合自己",请涂三颗星;"比较符合自己"请涂两颗星;"不太符合"请涂一颗星。

我常感到一节课过得很快,意犹未尽时就下课了。

课本上老师不讲或略讲的内容,我也常去仔细阅读。

我课外常阅读一些与学习或自我成长有关的书籍。

我很愿意攻克具有一定难度的练习题。

在课堂上,我能做到专心听讲。

我从未感到学习是一种负担。

课堂上,对老师提出的问题,我会积极地思考。

我知道现在的学习对我未来的发展是很有意义的。

目前,大多数学科的学习会让我感到开心。

我愿意参加一些对学习有益的兴趣小组。

通过问卷调查,你觉得自己在哪些方面做得很不错了? 哪些方面还有待提高呢?

二 课程设计

【课　　题】兴趣让我爱学习

【年　　级】五年级

【主题背景】

　　五年级是小学阶段最后需要冲刺的一个阶段,马上面临小学毕业,学习的压力比较大,又是学校活动的顶梁柱。学生在这段时间面临着青春期的懵懂和对童年的留恋,孩子既觉得自己长大了,又在为人处世方面像个孩子,对身边的很多事情有一定的兴趣,善于探索和发现,并喜欢表达。

【活动目标】

　　1. 让学生了解兴趣的概念、兴趣对学习的意义。

　　2. 学生结合自身的特点发现影响自己学习的主要问题,不断选择适合自己的学习方法。

　　3. 在学习中激发学生学习的兴趣,并树立学习的自信心。

【过程与方法】

　　1. 引导学生做调查问卷(见课程素材2)。

　　教师谈话:"同学们,你们知道兴趣是最好的老师吗?"你对学习有兴趣吗?究竟兴趣能持续多久?让我们来做个小调查吧。"

　　2. 引导学生静心答卷,教师读一题,学生根据要求画星星。

　　3. 学生交流自己答卷过程中的感受,充分鼓励学生发言,可以采用小组分享、集体分享的方式相结合,教师尽量挖掘班级中学习不同表现的孩子,让孩子充分地说,出现思维火花的碰撞,说出自己真实的感受。

（一）情景引入

　　1. 出示比尔·盖茨的故事(见课程素材1)。

　　2. 说一说比尔·盖茨只带一把钥匙,会是哪一把? 说一说原因。

　　学生围绕着自己的想法,可以展开讨论,如果是自己将会带哪一把钥匙,并说明原因。

　　3. 出示比尔·盖茨的话,你觉得比尔能带哪把钥匙呢? 为什么比尔会戴这把钥匙,站在你的角度上分析一下带这个钥匙的原因。

（二）行动感悟

1. 讨论交流:你对学习有兴趣吗?兴趣对你的学习重要吗?

学生发表自己的看法,有些学生可能觉得对于学习兴趣一直很浓厚,有些学生觉得兴趣可能持续一段时间,有些学生觉得压根就没有兴趣,有些学生觉得兴趣只能持续比较短的时间……

2. 你了解兴趣对于学习有多么重要吗?

12岁的惟丹出版了自己的校园励志长篇小说《女孩,不哭》列举了她对于读书和写作一直都很有兴趣,最后取得了成功,请同学们谈一谈看法。

3. 谈一谈你有什么兴趣?兴趣对你的学习和其他的方面有帮助吗?

小组分享:兴趣给你带来的成功的经验,和他人分享成功的喜悦。

这两种方法教师要带领学生细致地体验并分享感受。

（三）你有疑,我有招

1. 师生共同参与,解决问题。

（1）日常生活中你有的时候一开始兴趣很浓,但后来慢慢淡下来怎么办呢?

学生讨论,并列举出办法来。

（2）对于一些你压根就没有兴趣,但是又必须要学习,必须要做的你又将怎么办呢?

有些同学提出学习没有兴趣,但是又必须要学习的时候,有些同学就会出现排斥或者焦虑的情绪,如何应对这些情绪?

当烦躁的时候,我们可以采用呼吸法来调节自己的情绪。

呼吸法:选择一种你自己认为舒服的姿势,深吸一口气,尽自己最大的努力,深深吸气,直到肚子微微鼓起,然后再轻轻地慢慢吐气,试着让自己放松下来。

听听音乐,给大家推荐一下你喜欢的音乐。

倾诉法:找他人诉说。

（3）当排解了焦虑的情绪后,用什么办法来找到学习的兴趣呢?

积累经验:找一些在学习的某些方面有特长的同学,吸取经验。

父母是你的好朋友:父母都是过来人,他们会无私地帮助到你。

和老师谈一谈:谈的时候不要避重就轻,要清楚地认识到自己存在的

问题。

先努力一段时间试试,相信会有赞扬和支持出现,当有了肯定必然会变为动力,再接再厉,找到更多的兴趣点,以此为契机。

对学习抱有希望。对自己不喜欢的学科要有信心,相信它是有趣的。经常对自己说:我喜欢××学科。

制定容易实现的小目标:不断地取得成功让自己对学习产生兴趣。

让某方面的兴趣发生转移:例如对语文写作产生兴趣后,为了让自己更好地表达,多学习语文基础知识。

想象学习成功后的欣喜激发学习兴趣。

(四)总结提升

1. 同学们,学习了这节课,你有什么感受?

2. 对比课前的调查问卷,你有哪些新的发现?

三 实践反思

本课通过对学生的问卷调查来入手,通过调查,察觉到兴趣在学习中起到的作用。并利用比尔·盖茨充满悬念的故事引入本课,孩子们来猜猜比尔·盖茨的想法,并引发反思,了解兴趣对于学习的重要性和自己的现状。

在行动感悟中,学生在教师的引导下,首先利用故事了解了兴趣的重要性,并对比自己的学习。对于兴趣和学习必然有一些冲突的地方,当没有兴趣又必须去做的时候,首先就是要做到排解情绪,在课堂上复习了腹式呼吸法,并交流了排解情绪的方法。采用小组合作的方式,列举出维持学习兴趣,培养学习兴趣的方法。

教师在课堂中,注重让学生分享,多交流、多倾听、多思考,让孩子真正成为课堂的主人。让孩子从自身找到动力和方法,使得兴趣一直在学习中不断成为动力。

四 生活化瞭望

小学生学习兴趣的激发与培养

兴趣是集中意识于某种对象,是有感情色彩的心理状态。换句话说,我们为实现一种目的或从事一种活动,那种心理朝向目的的感情状态。兴趣是行为驱动系统中最现实、最活跃、最强烈的因素。没有兴趣,就点不燃求知的火花;没有兴趣,就唤不起探究的欲望;没有兴趣,就谈不上有创新的意识。学生如果对知识有了强烈的兴趣,也就有了专注知识的心向,就会主动地、积极地参与活动中,以积极的情感去探索、去实践、去创新。教育心理学家皮亚杰说过:"所有智力方面的工作都信赖于兴趣。"而数学知识本身是抽象、枯燥的,如果教师用传统的"填鸭式"的教学方法,那么学生会感到乏味厌学。所以应根据小学生好动、好奇、好胜的心理特点,因势利导,激发学生学习数学的兴趣。从而变"厌学"为"乐学",变"难学"为"易学",变"死学"为"活学"。因此,教师要善于抓住教学中的每一个环节,讲究把握数学课堂教学兴趣点的艺术。

学习有方法

青岛福林小学　王佳

1. 问卷调查

你现在对学习的感受是:A.喜欢学习　B.比较喜欢　C.不喜欢

你现在对学习的态度是:A.主动学习　B.被督促着学习　C.不想学

你课前的学习状态是:A.经常预习　B.偶尔预习　C.从不预习

你上课的学习状况是:A.积极参与　B.被动参与　C.基本不参与

你是否愿意参加课堂讨论交流?　A.非常愿意　B.比较愿意　C.不愿意

你课后的复习状况是:A.经常复习　B.偶尔复习　C.从不复习

你现在的学习方式主要是(可多选)

A.自主学习　B.合作学习　C.探究学习　D.接受学习 E基于问题学习　F.基于实践学习　G.基于网络学习

设计意图:

包括六个单选题,一个多选。问题涵盖了学习兴趣、学习态度、上课、学习参与、复习、学习方式。意图是引起学生对自己学习状态的思考,从而发现问题,产生探究自己的兴趣。

2. 绘声绘影

课前录制小视频微课,内容如下:

(1)双胞胎姐妹小美和小丽采用不同的学习方法产生了不同学习效果。

(2)小芳、小勇、小华、小云分别在不同的学习环节中遇到了不同的问题。

这些场景来自于学生的生活,会让学生感同身受,激发学生的参与热情,并在帮助小伙伴解决问题的过程中提高自己的认识,获得持久的学习动力。

二 课程设计

【课　　题】学习有方法

【年　　级】六年级

【主题背景】

　　六年级是小学阶段学习压力相对比较大的一个阶段,也是学生学习能力增长最快的一个阶段。因此,在心理课上帮助学生对自己的学习方法进行具体的、客观的、系统的梳理与归纳,形成持久的学习动力,对学生的长远发展有着深远的意义。

【活动目标】

　　1. 训练学生基本的学习方法,懂得学习方法的意义和作用,养成良好的学习习惯。

　　2. 结合学习内容和要求,发现影响自己学习的主要问题,不断选择适合自己的学习方法。

　　3. 在学习中激发学生的积极性,发现自己的潜能,树立学习的自信心。

【过程与方法】

　　1. 引导学生做调查问卷(见课程素材1)。

　　教师谈话:"同学们,你们的学习成绩如何,在学习上讲究方法吗? 我们来做一个调查问卷,了解一下自己的学习状态吧。"

　　2. 引导学生静心答卷,教师读一题,学生做一题。

　　3. 跟学生交流答卷中的感受,充分鼓励学生发言,可以采用随机叫学号的方式,让学生感受到发言机会平等,并调动每一个学生思考。信息收集中,教师要特别关注学习状态相对不积极的学生,用饱含期待的语言帮助他们建立发掘自己能量的信心。

（一）情景引入

　　1. 播放绘声绘影情景:小美和小丽是一对双胞胎姐妹,两个人一直一起学习。小美上课时注意做笔记,会记录老师讲的重点,课后及时整理笔记;每次做作业前她会先复习;让自己明确疑难点,学习成绩一直名列前茅。小丽却觉得小美学习太循规蹈矩,坚持率性而为,学习只处于中游水平。慢慢地随着年级升高,两个人在学习上的差距越来越大。

　　2. 引导学生讨论:你认为双胞胎姐妹在学习上出现差距的主要原因是

什么?

这里,学生可能会围绕小美注重学习方法而小丽没有学习方法来发表自己的看法。

3. 教师根据学生的发言提炼点拨:"看来在学习中,运用正确的学习方法,是会获得优异的成绩的。"

(二)行动感悟

1. 讨论交流:什么是学习方法?怎样才能掌握一定的学习方法呢?

学生发表自己的看法,学生可能会说:要精力集中、要有学习目标或介绍自己的经验所得。这里教师一律给予积极的肯定,并善于抓住学生的积极面表示赞同。

2. 看来学习这个事情,全身心的入境很重要,老师这里有两个很快能进入学习状态的方法,大家想不想了解?

A. 腹式呼吸法。

在感觉舒服的前提下,吸气,深深地吸到腹部,感觉肚子轻轻地鼓起来。再轻轻地、均匀地呼出,感觉腹部肌肉收缩,把腹部的气全部呼出,再反复做几遍。

B. 荷花滴露静心法。

在感觉舒服的前提下,做腹式呼吸,轻轻地闭上眼睛,想象自己来到了一片湖水旁边,看到一朵粉红色的荷花,水珠正从花瓣上低落到水中,一滴、两滴、三滴……轻轻地数下去,一直数到二十滴,再轻轻地睁开眼睛。

这两种方法教师要带领学生细致地体验并分享感受。

(三)你有疑,我有招

1. 师生共同参与,解决问题。

播放绘声绘影情景:

小勇:我认真听课,但课后发现老师讲的内容还是会忘记掉很多。后来,有同学建议我做笔记,于是我尽量把老师讲的都记录下来。但感觉课堂学习效果反而不如以前了。难道记笔记不利于学习吗?

(1)引导学生思考讨论:你认为小勇的问题出在哪里了?

(2)教师参与学生的讨论交流,适时出示"快乐点击"供学生参考:

课堂笔记:记笔记时,可在笔记本的左边记录老师讲的主要内容,在右边留出空白来简化或概括左边记录的内容,便于以后回忆、复习时参考。

（3）借助一种高效掌握学习内容的方法——思维导图

它的记录方法很像是画出一个脑细胞,比如:我们学习一般分为五个环节:预习、听课、作业、复习、考试。每个环节各有特点,各有不同的方法,掌握了各个环节不同的学习方法,灵活运用,就能提高学习成绩。那么,我们可以把这五项内容画成"脑细胞"的第一级分支,每个环节的特点和不同方法画成第二级分支,自己想到的运用方式画成第三级分支,如果你还能深入拓展,还会有更多级分支。最后,我们看到这个"脑细胞",就可以系统地感知所有内容,以及内容之间的联系了。

教师一边介绍思维导图,一边画出"脑细胞"图。之后,让学生谈自己的感受。

2. 学生分组进行讨论交流,自主解决问题。

播放绘声绘影情景:

小华:怎样才能做到事先知道一节课的难点,以便于在课堂上认真听讲呢?

小云:大家都说复习很重要,可是每当复习时,看看书上的内容老师都讲过了,也都明白,再复习感觉有些单调和乏味。怎样才能让复习深入下去呢?

小芳:进入期末总复习了,我想把平时练习或考试中易出错的内容分析和总结一下,防止以后再出错,但发现寻找过去的这些错题很麻烦。你有好方法帮我吗?

引导学生小组讨论:同学们,这三位同学分别在学习中遇到了不同的问题,我们能不能帮帮他们找到好的方法呢?下面请大家群策群力,在小组里讨论一下。

教师参与学生的讨论,集体交流各组找到的学习方法,并对学生积极的心理因素,要给予描述性的肯定。

根据学生的生成进行总结,适时提供"快乐点击"供学生参考。

学习方法集锦:

① 建立错题本:认真分析、及时查漏补缺、经常复习。

② 课堂笔记:思维导图。

③ 课前预习:了解疑难、有的放矢。

④ 多形式复习：回忆、自我提问、做练习题、做小测验、同学互助检测。

（四）总结提升

1. 同学们，学习了这节课，你有什么感受？

2. 对比课前的调查问卷，你有哪些新的发现？

3. 课下，请同学们把今天学习到的学习方法用到自己的学习中去，感兴趣的同学可以画出这节课的"脑细胞"图，欢迎你们来找我继续交流。

三 实践反思

本课通过调查问卷，让学生觉察、感悟到了自己真实的学习状态，引起反思，产生深入探究的自我需要。通过小美和小丽这对双胞胎姐妹不同的学习方法引起了不同的学习效果这一生活素材，激发了学生的好奇心，从而为进一步自主探究学习方法做好了兴趣铺垫。

通过行动感悟，学生在教师的引导下，重温了腹式呼吸法，学习了荷花滴露静心法，懂得了全神贯注的重要性，同时也把自己调整到最佳状态开始了进一步的探究学习。顺利进行到"你有疑我有招"的细致梳理学习方法的过程，学生透过小勇、小华、小云、小芳的生活素材，激发起解决问题的欲望，在解决记笔记的问题中，学习了思维导图，并梳理出预习、听课、作业、复习、考试这五个学习环节，这也是本课的重点内容。这一过程中学生体验并经历了学习方法的整理过程。接下来运用经历的方法在小组里"头脑风暴"式地解决了另外三个生活素材中的问题。学生亲身体验了探究的过程，同时内化了学习方法。

本课教师始终运用描述性的语言点评，以参与者的角度与学生进行平等交流，这也是本课的难点。本课旨在让学生以积极的状态参与到学习中，通过开课的调查问卷和学习之后回顾最初的感受，让学生真实感悟到自己的成长，同时，获得持久的学习动力和自信心，完整地达成本课的学习目标。

四 生活化瞭望

儿童专注力训练

镜子游戏：跟孩子一起玩动作模仿，想象自己是一面镜子，跟着父母的动作进行，刚开始给孩子的动作要简单一些，速度也尽量放慢，等孩子熟悉后,可以互换角色,增加活动的趣味性。

倾听游戏:先跟孩子玩"请你跟我这样做",做单一指令的进行。之后可以进行两个连续指令或是三个指令,像是"帮妈妈拿○○、○○、○○三样东西过来。""先去○○,再去○○,最后再去○○"(动作指令),孩子要做出正确的动作,就需要专注后的理解,才能做出正确的动作。刚开始如果孩子无法进行,可以让孩子先练习复述一次,一边做的时候也可以一边念出刚刚的指令,做自我提醒的训练。

益智游戏:象棋、扑克牌、跳棋、孔明棋,这些活动都需要高度的专注力,以及足够的认知,才能有胜算的机会。认知还不错且活动量高的孩子,对于竞赛性的活动,都会相当有兴趣,且乐此不疲。

张弛有度　快乐学习

青岛南京路小学　熊小莹

一 课程素材

1. 锦囊妙计

弹弓游戏：

请学生用弹弓射中木板。其中前后竖直摆放两块木板，前面木板倒下后，正好触到后面的木板，而不能碰倒后面的木板。

2. 校园剧场

引导学生编排以下两个心理剧：

及格万岁

成成不喜欢学习，他觉得学习很无聊，书本上的知识根本没有用。每次考试成绩总是在及格线上下徘徊。他上课经常不专心听讲，玩东西或者开小差；平时也不愿意看课外书，总想跑出去玩，或者玩电脑；一旦没了妈妈的监督，他就逃避不写作业，老师和家长都很着急，希望他可以努力，但他一点都不在乎，而且无所谓地说，自己追求的是及格万岁。

我要考第一

珍珍学习很勤奋，平时学习总是争分夺秒。每天晚上学习到 12 点，课间别人休息她看书，节假日也很少出去玩。每次考试都希望自己最优秀，能够考第一，总是希望自己能够比别人学习好。其实现在的班级不排名次，但是，她对自己的要求特别苛刻，总是觉得自己的成绩不够理想，学习不够扎实。每次考试前，她都很紧张，手心出汗，失眠，而过度的紧张每次都影响了考试成绩。

3.绘声绘影

课前录制小视频微课:

(1)弹弓游戏的示范视频。

(2)介绍学习动机理论以及学习动机强弱表现等知识点的微课视频。

二 课程设计

【课　　题】张弛有度 快乐学习

【年　　级】六年级

【主题背景】

学习动机是直接推动和维持学生进行学习的内部动力,对学生的学习具有非常重要的作用。小学高年级的学生思维发展尚不成熟,他们对于"为什么学,学什么、怎样学"等问题缺乏深刻的认识。学生遇到学习困难一时难以克服时,容易削弱自己的学习动机,从而影响学习的效果;而学习动机过强,也会降低学习效率。因此有必要对学生进行学习动机方面的心理辅导。

【活动目标】

1. 了解什么是学习动机。

2. 了解学习动机的强度对学习效果的影响。

3. 明确学习的目的,激发学习动机。

【过程与方法】

（一）活动暖身

1. 播放课前录制的游戏示范微课。

2. 同学们你们想要挑战吗?

组织每个小组派 2 个同学作为代表,轮流体验,每人体验三次。

3. 小组讨论。

说一说,你认为成功完成这个游戏任务的技巧是什么?

这里学生可能会围绕自己的观察或者自己的亲身体验,发现控制好皮筋拉的度,即不能太紧也不能太松,要做到张弛有度。

4. 教师根据学生的发言提炼点拨:"对,这个游戏中成功的关键是张弛

有度。拉弹弓时,橡皮筋的张力不同,会产生不同的结果。拉力不够,不能将前面的木板击倒;拉力过大,则会把后面的木板碰倒。力有很多种,有拉力、重力、压力等等,今天我们要分析的是一种特殊的力——学习动力,或者叫作学习动机。它虽然存在于我们的学习中,看不见、摸不着,但它有着和拉力共同的性质和特点。学习动机大小不同,就会产生不同的学习效果。

引出课题:张弛有度　快乐学习

（二）校园剧场

1. 现场表演第一个心理剧《及格万岁》。

看完后讨论,你如何看成成的学习状态?

2. 现场表演第二个心理剧《我要考第一》。

看完后讨论,你如何看珍珍的学习状态?

3. 分享:

A. 分别在两个剧中扮演角色的同学分享自己在表演中的感受。

B. 观众同学分享自己在观看时的感受。

4. 分组讨论:成成、珍珍的学习有什么区别和相似之处?

在学生充分讨论的基础上,教师结合弹弓上的橡皮筋进行总结:当不用力,或者用很少的力拉橡皮筋,橡皮筋就会松松垮垮,这就很像第一个故事中的成成。他之所以有这些表现,就是因为缺乏学习动机。而珍珍则恰好相反,就好像用过大的力拉橡皮筋。这样,既完不成学习任务,又可能将橡皮筋拉断。因此,我们发现:学习动机缺乏或过强都不利于学习,只有强度适当的学习动机才能促进学习。

（三）了解自己

1. 谈话:一定有同学好奇,学习动机到底指什么,那么我们就来看看吧。播放关于学习动机理论以及介绍学习动机强弱表现等知识的微视频。

2. 自我检测:

① 做几个放松练习,调整呼吸。

② 想象一下,在自己的头脑中有一条代表学习动机强度的橡皮筋,学习动机强度从 0～10 计分。其中,0 表示没有拉,10 表示橡皮筋被拉到了极限。

3. 小组分享。

以小组为单位,分享自己对自己的评价。然后分析组内学习动机过强或者过弱的成员的观点和行为。提出调整学习动机强度的建议,帮助他们积极调整。

（四）应用实践

谈话:现在同学们都有了属于自己的张弛有度的"橡皮筋"。那你愿意帮助故事中的成成与珍珍吗?你想对他们说什么?他们又会有什么样的改变?小组讨论一下并试着表演一下。

小组讨论,然后现场即兴表演。

（五）总结提升

1. 同学们,学习了这节课,你有什么感受?

2. 你有哪些新的发现?

3. 课下,请同学们把今天的学习方法用到自己的学习中去,欢迎你们来找我继续交流。

三 实践反思

本课通过游戏暖身,激发了孩子的参与热情,促进了团体的形成,并且帮助学生在后面的分享中更加开放。

通过心理剧场,展示了学生学习生活中的极端案例,会让学生有所启发。其中,角色表演者的分享,可以从不同角度来看待学习动机,帮助学生可以更全面地来看待学习。而且可以更好地体会老师与家长的用心。在此基础上,老师的总结让学生了解到了学习动机的知识。

通过自我检测,让孩子对于自己的学习动机清楚地了解,在后面讨论分享以及心理剧的续演,将自己的方法应用于自己的实践。在续演中不断调整,而且这本身也是一个完善的过程。

四 生活化瞭望

1. 问题情境的创设可以激发学生学习的兴趣。

好奇是儿童的天赋,兴趣是最好的老师。创设问题情境可以唤起学生

的有意注意,调动思维的积极性和主动性,使学生乐学善学,造成人人渴望解开奥秘的心理状态,激发学生学习新知的强烈兴趣。

2. 融洽的师生关系可培养学生的学习兴趣。

教师教学成功,学生学得愉快,建立一种和谐融洽的师生关系很重要。在教学中教师应真正把学生当作学习的主体,以谈话的方式进行教学,充分发挥民主,创造轻松的环境,让学生多说、多动手、多表扬、少批评,设计有不同难度的问题让不同层次的学生回答,让每一位学生都积极主动地参与到课堂教学中。练习时遇到疑难问题时与学生展开讨论,为他们解难,使他们感到我们是和老师共同解决问题。对待学困生,不讽刺,不挖苦,和他们一起找根源,耐心辅导。这样增进了师生间的感情,融洽了教学氛围。

我的注意力，我做主

青岛贵州路小学 崔洁

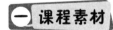 课程素材

绘声绘影

《小猫钓鱼》的视频导入，学生会感受到注意力的重要性。激发学生想要培养自己注意力的激情。

课程设计

【主题背景】

注意力集中是小学生重要心理品质之一，在小学生良好学习习惯的培养中，占有举足轻重的地位。针对中年级学生无意注意仍起着主要作用，有意注意正在发展，注意的分配和转移能力弱，抗干扰能力以及注意力培养意识弱的特点，设计本节学习辅导板块注意力训练课。

本次心理辅导活动课以游戏和训练贯穿始终。以游戏作为中间媒介将被辅导者的内心世界投射出来，进而在自娱自乐中完成"感受自我""认识自我"等一系列过程。也就是利用游戏的本质和特征诱导被辅导者主动投入，放松地表现自我。通过学生注意力品质的层次性训练，学生通过行动参与，产生情感体验，再强调认识，行为外显。

【课　　题】我的注意力，我做主

【年　　级】四年级

【活动目标】

1. 学生通过游戏体验，自我感悟，感受集中注意力的重要性。

2. 通过注意力训练，集体探索并练习，提高注意力的品质。

3. 激发学生自觉养成在学习、生活中集中注意力的习惯。

【活动过程】

(一)暖身导入

1. 创境:(课件出示:小猫钓鱼)

今天很高兴和大家一起上课,我们先来看一段视频。小猫为什么钓不到鱼呢?

今天我们就来探讨"我的注意力"(板书)的话题。

(二)自我了解

1. 谁来和大家分享一次你专心做事的经历和感受?

2. 每个人都有注意力不集中的时候,谁来和大家分享一下?

(三)快乐行动:注意力训练

(课件出示)注意力训练营欢迎你。

第一关:数动物种类(训练注意的集中性)。

(1)谁来读要求?(课件出示):训练营里一共有几种动物?第三种是谁?

(2)你是怎么数对的?

小结:看来只要你集中注意力,就能把事情做好。让我们进入第二关。

第二关:传口令(训练注意的稳定性)。

1. 创境导入,学生想顺利传口令的方法。

2. 口令:24375 65190 73529 30965

3. 学生传口令,教师维护秩序。提醒最后一人写密码、贴密码。

4. 公布结果,交流刚才的方法。

5. 增强自信心(如果四个小组全部闯关成功,教师就会关注在传口令中犯规的学生。如果还是没有,教师就会将此环节放到下一关。这是一个灵活处理的地方。)

(1)我们来换种方式试试给失败同学以信心。我要请失败组的一个同学做个体验。老师这里有三句话,你们可以用,也可以用自己的话说。谁想对这位同学说。

(2)采访:现在什么感觉?现在你想对自己说……

小结:集中注意力,我们不仅要有方法,还要有信心。还想玩吗?让我们一起进入第三关。

第三关:相信谁(训练注意的选择)。

1. 游戏要求:(课件出示)请说出字的颜色。这两个字是什么颜色?

2. 两组同学做示范。

3. 同伴想闯关的妙招。

4. 引导学生:理解有的时候集中注意力,不是那么简单,还需要抗干扰。但是多次的反复练习,有干扰的情况下,我们同样能够提高注意力。所以说,我的注意力,我做主。

5. 拓展延伸

同学们在生活和学习中都会遇到来自人、事、物等各种各样的干扰。从现在起,你会用什么方法抵抗什么干扰?

第四关:挑战自己。(训练注意的分配)。

1. 课件出示:挑战自己。

两手各拿一支铅笔,两手同时画图形,左手画圆,右手画方。在纸的左边方框里画。

2. 分享:画得怎么样?为什么这个方像圆,这个圆像方?

3. 自我增能,第二次挑战。

(四)畅谈收获

今天注意力训练营的训练即将结束,你收获了什么?

让我们把今天的所得,运用到平日的学习和生活中,把它牢牢地掌握在自己的手心(教师画一只手)。让我们再来告诉自己:我的注意力,我做主。

三 实践反思

注意力是儿童普遍存在的问题。他们在听课、做作业、看书、活动等事情上,往往不能集中注意力,也没有耐性,没有毅力。这在小学低年级中问题尤为严重。这和他们的先天有关,也和他们后天的养育、饮食、睡眠、环境等有关。解决孩子的注意力问题要综合治理。所以本节课通过创设学生喜欢的游戏方式,在注意的广度、稳定性、分配和转移四个方面,设计练习题,进行注意力训练。

从整堂课中学生的表现来看,游戏教学取得了令人满意的效果。学生

在轻松愉悦的游戏中自然地体验、自主地感悟,在游戏过程中训练提高了自己的注意力。在游戏的过程中,组内的同学互相帮助,共同克服了一个又一个的困难,既培养了他们的相互信任感,又增强了集体荣誉感。

其实在教学过程中,有许多现象是教师无法预料的,当课堂教学中学生出现各种心理问题时,就需要教师及时发现问题,解决问题,这对学生的心理辅导具有更为重要的现实意义。

四 生活化链接

舒尔特方格

舒尔特方格是在一张方形卡片上画上 1 cm × 1 cm 的 36 个方格,格子内任意填写上阿拉伯数字 1～36 的共 36 个数字。训练时,要求被测者用铅笔按 1～36 的顺序依次画出其位置,同时诵读出声。

舒尔特方格不仅可用来测量儿童注意力的稳定性,而且用这套图表坚持天天练习一遍,那么孩子注意力不集中就能得到大幅度改善,包括注意的稳定性、转移速度和广度。运用这种方法的时候,可以自制一套卡片,绘制表格,任意填上数字。从 1 开始,边念边指出相应的数字,直到 36 为止。有些人可以缩短到十几秒。你可以自己多制作几张这样的训练表,每天训练一遍,相信注意力水平一定会逐步提高。

做时间的小主人

青岛天山小学　侯春萍

一 课程素材

1.锦囊妙计

我是小闹钟。

游戏规则:以身体代表闹钟,即两条胳膊代表时针和分针,用动作来表示时间,比一比谁的反应最快。

随着教师的指令摆出:12点——双手上举,3点——右手上举,6点——双手垂直,9点——左手上举右手侧向放平。

教师的口令由慢变快,不停地变动。

设计意图:利用游戏导入活动主题,过渡比较自然,能唤起学生现场真实的时间感知体验。使学生放松情绪,揭示本课主题,激发学生兴趣,起到吸引学生的注意力,消除学生的紧张感,拉动学生与老师心理距离的作用,并为后续的活动做好了铺垫,同时体现了心理健康辅导活动的趣味性。

2.绘声绘影

课前录制音频,内容如下:

今天的任务可真不少! 明天要交语文数学作业;英语老师说下周要进行单词大比拼;可是我最喜欢的明星今天来青岛了,而且在青岛只待两个小时,我好想要他的签名;我还想上网玩个游戏。这么多的事情,我到底先做什么好啊?

设计意图:问题来源于学生的生活,会让学生感同身受,激发学生的参与热情,并在帮助小伙伴解决问题的过程中客观认识自己的问题,带入生活解决问题,学会时间管理。

二 课程设计

【课　　题】做时间的小主人

【年　　级】五年级

【主题背景】

　　在整个小学阶段,一个相当重要的任务就是引导学生养成各种良好的行为习惯。对于小学生来说,他们最大的问题就是自制力比较弱,缺乏自我管理意识,这直接造成他们做事拖拉、磨蹭,缺乏时间管理的概念。此次活动,旨在通过各种活动让学生体验时间的宝贵,学会科学、合理安排时间,充分利用有效的时间。

【活动目标】

　　1. 引导学生认识时间的宝贵。

　　2. 通过活动,让学生懂得如何有效地科学时间管理。

【过程与方法】

(一)感受时间跟我们的联系

　　1. 心理活动课公约:真诚　尊重　倾听　分享。

　　2. 游戏"我是小闹钟":

　　(1)出示游戏规则:请同学们看大屏幕,我们的两条胳膊代表时针和分针,请同学们用动作来表示时间,比一比谁的反应最快。12点——双手上举,3点——右手上举,6点——双手垂直,9点——左手上举右手侧向放平。

　　(2)进行游戏。

　　(3)交流感受。

　　设计意图:让学生带着愉悦的心情进入到课堂中,初步体验时间的匆匆流逝、时间的宝贵。

　　3. 活动体验"生命的长度"。

　　(1)出示游戏规则:请同学们按照老师的指令去做,做的过程中保持安静。

　　(2)跟随教师的指令进行活动体验。

　　(3)交流感受,让学生体会到我们必须要管理好我们的时间。

　　(4)引出课题:做时间的小主人。

设计意图:伴随着悠扬的《神秘园之歌》的旋律,将学生引领入时间的长河之中,让学生在撕纸条的过程中如同感受时间从我们身边匆匆流逝的过程,让学生感觉到时间的珍贵。

(二)我有妙方做主人

1. 小组讨论:我们怎样做才能成为时间的小主人?

2. 出示活动要求:

(1)每组一位主持人,一位记录员。

(2)每一个成员都要发表自己的看法。

(3)每一个小组派一名代表发言。

(4)认真倾听他人发言。

3. 小组合作交流,学习如何有效科学管理时间,强调倾听。

制订计划　准确守时　统筹安排　提高效率　巧用时间

设计意图:时间管理理论的一个重要观念是应有重点地把主要的精力和时间集中地放在处理那些重要但不紧急的工作上,这样可以做到未雨绸缪,防患于未然。在人们的日常工作中,很多时候往往有机会去很好地计划和完成一件事。但常常却又没有及时地去做,随着时间的推移,造成工作质量的下降。因此,应把主要的精力有重点地放在重要但不紧急这个"象限"的事务上是必要的。要把精力主要放在重要但不紧急的事务处理上,需要很好地安排时间。而通过出示这个图表讲解四象限十字时间计划就会更好地帮助学生理解管理好时间。

(三)走进时间诊所,我是管理时间的小达人

1. 个案出示,走进时间诊所。

元太:今天的任务可真不少!明天要交语文数学作业;英语老师说下周要进行单词大比拼;可是我最喜欢的明星今天来青岛了,而且在青岛只待两个小时,我好想要他的签名;我还想上网玩个游戏。这么多的事情,我到底先做什么好啊?

学生交流自己的想法,进行讨论,尊重每个人的意愿。

2. 今天放学之后同学们有哪一些事情需要安排?让学生交流自己的主观意愿。将学习的内容学以致用。

设计意图:通过个案的学习,让学生尝试规划管理自己的时间。同时

让学生切切实实地感受到时间就在我的手中,我可以安排好事情更好地掌控时间。

(四)交流感悟,升华认识

我想说:这节课我学会了_____,我想_____。做时间的主人,你准备好了吗?那么就让我们一起在心里为自己装上一个小闹钟,请记住——用"分"计算时间的人,比用"小时"计算时间的人,时间会多59倍!

设计意图:小组和全班的分享是对本节课的一个总结。一节活动课,不可能每个学生都体验深刻,在交流和分享中,他们可能会有新的收获,学到新的节约时间的方法。在心理活动课上,要巧妙借助学生间同伴互助的优势。

三 实践反思

本课的活动中首先以游戏"我是小闹钟"让学生进入时间的主题中,放松身心,紧接着通过"生命的长度"这一活动让学生感受到时间的重要性,激发想要珍惜时间的意识,从而引出课题。

学生在教师的引导下,交流自己已经掌握的时间管理的方法,顺利进行到"我有妙方做主人"的细致梳理时间管理方法的过程,学生通过分享自己的方法,通过倾听别人的方法,从而梳理出:制订计划、准确守时、统筹安排、提高效率、巧用时间等方法,这也是本课的重点内容。这一过程中,学生体验并经历了时间管理方法的学习过程。接下来运用方法在小组里通过"走进时间诊所,我是管理时间的小达人"的活动,解决了另外两个生活素材中的问题。学生亲身体验了探究的过程,同时内化了方法。

本课教师要始终运用描述性的语言点评,以参与者的角度与学生进行平等交流,这也是本课的难点。在课堂教学过程中,学生是学习的主体,学生总会有"创新的火花"在闪烁,我们应当充分肯定学生在课堂上提出的一些独特的见解,这样不仅使学生的好方法、好思路得以推广,而且对学生也是一种赞赏和激励。因为有碰撞才有火花,旨在让学生以积极的状态参与到学习中,让学生真实感悟到自己的成长,同时,获得持久的学习动力和自信心,完整地达成本课的学习目标。

四 生活化瞭望

讲解艾森豪威尔十字时间管理法

艾森豪威尔先生是美国历史上大名鼎鼎的总统,他做事情十分有效率。他有一个"十字时间计划",被美国成功学家们所津津乐道。请看屏幕,他把要做的事情分为重要紧急的、重要不紧急的、不重要紧急的、不重要不紧急的几个方面,把自己要做的事都放进去,然后先做重要而紧急那一象限中的事,这样艾森豪威尔的工作生活效率大大提高,使众多繁忙的人从中获益。

第一象限"重要紧迫"的事件处理危机、完成有期限压力的工作等。

第二象限"重要但不紧迫"的事件防患于未然的改善、建立人际关系网络、发展新机会、长期工作规划、有效的休闲。

第三象限"不重要但紧迫"的事件不速之客、某些电话、会议、信件。

第四象限"不重要且不紧迫"的事件或者是"浪费时间"的事件。

快乐考试

青岛德县路小学　史玉华

一 课程素材

绘声绘影

《攀岩运动》的视频导入,学生会感受到面对困难的时候,除了不放弃,还要善于借力,去体验突破自己的那种快乐体验,激发学生享受挑战的激情。

二 课程设计

【课　　题】快乐学习
【年　　级】五年级
【主题背景】

五、六年级是小学阶段学习压力相对比较大的一个阶段,是学生学习知识、拓展知识、灵活运用知识能力体现的一个阶段,也是学生学习能力增长最快的一个阶段。因此,在心理课上帮助学生对自己的学习方法进行具体的、客观的、系统的梳理与归纳,形成持久的学习动力,对学生的长远发展有着深远的意义。

【活动目标】

1. 提高学生克服障碍解决问题的能力,以乐观的心态对待考试。

2. 提高学生的人际交往和合作能力,并学会如何求助和借力,促进社会性和情感发展。

3. 促进儿童使用选择性注意,能够有针对性地面对自己的情绪。

4. 提高学生学习的兴趣,激发学生学习的积极性,发现自己的潜能,树立学习的自信心。

【过程与方法】

（一）情景引入

1. 出示考试的图片。

你如何看待我们学习生活中的考试的？学生交流。

2. 播放《攀岩运动》。

看了这段视频,你发现了什么?有什么感受?(学生交流)

3. 教师根据学生的发言提炼点拨:"攀岩运动属于登山运动,攀登对象主要是岩石峭壁或人造岩墙。攀登时仅靠手脚和身体的平衡向上运动,手和手臂要根据支点的不同,采用各种用力方法,如抓、握、挂、抠、撑、推、压等,在攀岩的过程中,体验用自己的身体和四肢与地球引力抗争;体验攀登对自己心理的刺激和震撼;体验在高空中登上去突然滑下来时的巨大心理恐惧。因为有攀岩绳的保护你又能重新寻找支点,一次又一次重复,当你不断克服放弃的念头,不断告诫和鼓励自己冲上去的顽强信念,成功站在峰顶时,你会发现,原来自己是如此伟大。"

4. 我们的学习生活,也如同攀岩运动,在挑战中感受快乐。

（二）自我了解

1. 今天,咱们大家也进行一种"攀岩"运动,相信大家也会发现其中的乐趣。

2. 沙盘中间的旗帜就是你要面对的每次考试。你可以用沙子、篱笆、栅栏、河流、围墙或你喜欢的任何东西来阻挡通向终点的道路,然后我们想方设法克服或者运用这些障碍到达终点。

（三）快乐行动

1. 介绍沙盘中走迷宫的游戏规则。

（1）4～6人为一个小组进行游戏,按照一定的顺序自己或者借助别人的障碍设计路线。

（2）根据时间每人设计4～6个障碍。

（3）达到目标是想方设法到达终点目标,可采取绕路、拆除障碍物、借助其他沙具等种种办法,借助沙具数量最多为6个。

2. 游戏开始。

3. 讨论交流:在面对考试时,你的障碍是什么?是如何排除障碍并以

快乐的心态对待考试的?

小组讨论,学生发表自己的看法,认真倾听伙伴的发言并提出合理的建议。以小组为单位找代表发言。

4. 教师小结。

(1)我们在生活和学习过程中,都会面临许多挑战,跨越许多羁绊或障碍,才能实现自己各种各样的目标,这些目标就如大家在沙盘中设置的终点目标,而沙具就是通向目标的障碍。

(2)要胜利到达目标,就要用心寻找解决问题的办法,努力掌握克服障碍的各种技巧。

(3)要学会和别人团结协作,学会借力,听取别人的合理建议,共同战胜困难。

三 实践反思

考试是学习过程中的必要环节,是对我们学习成果的检验,是发现问题的必要过程。实际上谁都不喜欢考试,但谁都知道学习的最后结果都是要通过考试来证明自己、检验自己的。所以,在本课的学习中重点是引导学生在行动上做积极的准备。

通过话题的交流,让同学们彼此知道大家的想法在很多时候是一样的,考试是伴随一生的,只是形式不一样。通过播放攀岩运动视频,让学生感受到攀岩者在攀登时靠手脚和身体的平衡向上运动,采用各种用力方法用自己的身体和四肢与地球引力抗争;体验攀登对自己心理的刺激和震撼;体验在高空中登上去突然滑下来时的巨大心理恐惧。不断地重新寻找支点,一次又一次重复,当他们不断克服放弃的念头,不断告诫和鼓励自己冲上去的顽强信念,成功站在峰顶时,你会发现,原来自己是如此伟大。让孩子们感受到,在面对困难的时候,学会方法,懂得借力,这就是不断学习的过程,没有成败,最重要的是享受这个拼搏和不断学习的过程。学生从不同的角度感受考试带给我们的感觉。

通过沙盘游戏实践活动,学生们自己设计障碍,重新认识自己,通过跨越障碍,在小组交流和教师的引导下,感受前进路上方法的重要性,感受到团队支持借力的重要性,从而快乐地投入到各种考试中去,达成本课教学目标。

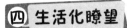

四 生活化瞭望

对小学生考试产生紧张心理应采取的对策

1. 积极的应考态度

考试是为教师改进教学、学生改进学习提供依据的一种手段。如果学生能把考试看作是检查学习、改进学习的一种手段,把考试看作是进入新的学习阶段之前的必要总结,那么考试就能唤起学生的学习兴趣和进取精神,激发学生的学习积极性,以积极的态度对待考试,认真及时复习,进一步熟练地掌握一定的知识和技能,因而也容易获取好成绩。如果学生把考试看作沉重的负担,讨厌考试,或者对考试持无所谓的态度,那么学生的学习积极性就差,平时对学习不抓紧,考试时对复习不重视,势必难以获得好成绩。因此,考试态度直接影响学生的考试结果。所以,老师和家长应启发和引导小学生树立积极的应试态度。

2. 帮助小学生增强自信心

要鼓励小学生对考试充满信心,由于他们的学习水平各不相同,要帮助他们确立适当的期望值和正确的应试态度,争取在考试中能把自己的实际水平充分地发挥出来。反之,信心动摇,则势必难以发挥自己应有的水平。

3. 关心小学生的生活

教师和家长应关心小学生在迎考期间的生活与作息,保证他们有足够的休息与睡眠。复习期间,教师与家长应引导督促小学生适当休息,巧妙安排一些户外活动,以调剂他们的生活。如果长期休息不好,睡眠不足,则考试时会体力不支,精力不足,容易产生怯场。

第六单元　生涯规划

生涯规划又叫职业生涯规划（career planning），是指个人与组织相结合，在对一个人职业生涯的主客观条件进行测定、分析、总结的基础上，对自己的兴趣、爱好、能力、特点进行综合分析与权衡，结合时代特点，根据自己的职业倾向，确定其最佳的职业奋斗目标，并为实现这一目标做出行之有效的安排。生涯规划对人的一生都具有重要意义，对生涯进行规划，就是为自己的未来人生绘制理想的蓝图。

小学是学生人生观、价值观等初步形成的阶段，从小对学生进行有意识的生涯规划教育，对学生更好地认识自我、认识职业、认识社会有重要的启蒙、引导作用，生涯规划教育也将为学生长大后了解、选择职业提供清晰的帮助。

本单元设计了六个主题，《我就是我》让每个学生了解自己，悦纳自我，做独一无二的自己；《我有一双勤劳的手》则通过一系列的体验活动，培养学生自理能力，做一个有责任心的人；《比如世界》通过职业活动体验，学生探索自身职业兴趣倾向，培养学生生涯规划的意识；《心的舞台》则通过录像和案例告诉同学们只有做一个心胸宽广的人，未来生涯规划的舞台才会更大；《目标是人生的导航灯》告诉学生们，只有规划好自己每一阶段的目标，人生之路才会越走越宽；《开启新的篇章》则为即将升入中学的六年级毕业生为小学生活画上一个完美的句号，为中学开启一个美好的开端。

正如大海中航行的船只需要目标一样，只有经过规划的人生，才有明确的方向和强大的动力。生涯规划教育可以帮助学生更早地意识到自己的目标，不断地确定目标、体验目标、修正目标，帮助学生科学、理性地规划人生道路。

我就是我

青岛太平路小学　李淼

1.故事宝库

郑渊洁在读小学的时候,有几门功课成绩非常不好,数学老是不及格。老师说:"郑渊洁,将来咱班最没出息的那个人,就是你!"然而,郑渊洁却不这么看自己,他觉得自己还是有许多长处,并不懈地努力朝着目标奋斗而获得成功。

2.锦囊妙计

活动名称:小小手印

活动类型:心理游戏

活动目的:认识自己的独特性接纳自己。

活动步骤:

(1)根据人数,分小组。每个小组分一个印泥。

(2)老师将白纸贴在黑板上,

(3)每个同学用食指蘸取印泥,将自己的手印印在本组的地盘上,老师说游戏开始后,各组成员行动。

(4)小组成员在自己的地盘上印手印。教师提醒孩子观察自己的手印的特点——大小、纹理,同时观察别人的指纹和自己的区别。

(5)在自己的小组成员都印好后,老师将白纸倒转,并打乱顺序,然后让学生找出哪张是自己组的。

本课的生活化素材就是针对学生对自己的认识,适用于教师针对低中年级学生的心理健康教育,使学生正确认识自己并悦纳自己。同时也适用于家长对孩子正确认识自己的教育。

二 课程设计

【课　　题】我就是我

【年　　级】二年级

【主题背景】

　　当今社会生活、学习等方面的压力大,学生难免会出现一些心理问题。而儿童期是个体认识、个性、情绪调控能力、意志自制力与坚持性等心理品质迅速发展的时期。这个时候的孩子受环境影响、家庭变故、周围的人对其一贯的看法等影响,都会无法正确认识自己。人要认识自己不是一件容易的事,本节心理健康教育活动课就是针对学生不易正确认识自己这一心理现象设计的,引导学生在交流中感受别人对自己的评价,同时能够做到正确地评价自己,正视自己的缺点,发扬自己的优点,消除自卑心理,培养健康的心理品质,不断完善自我,散发自己独特的个人魅力,为成功奠定基础。

【活动目标】

　　1. 引导学生科学认识自我。

　　2. 使学生明确任何生命都是独一无二的。

　　3. 通过学习,让学生正确进行自我评价。

【过程与方法】

（一）游戏认识:我是独特的

　　1. 玩按手印游戏。

　　活动名称:小小手印

　　活动类型:心理游戏

　　活动目的:认识自己的独特性接纳自己。

　　活动道具:白纸、印泥、铅笔

　　活动步骤:

　　（1）根据人数,分小组。每个小组分一个印泥。

　　（2）老师将白纸发给各个小组。

　　（3）每个同学用食指蘸取印泥,将自己的手印印在本组的地盘上,老师说游戏开始后,各组成员行动。

　　2. 小组成员在自己的地盘上印手印。教师提醒孩子观察自己的手印的特点——大小、纹理,同时观察别人的指纹和自己的区别。

3. 在自己的小组成员都印好后,老师将白纸倒转,并打乱顺序,然后让学生找出哪张是自己组的。

4. 装饰自己的地盘。

5. 谈自己的收获,分享感受。

游戏是学生喜欢的,在潜移默化中,学生快乐的游戏中发现没有完全相同的两张手印纸也没有完全相同的两个手印! 我们每一个人都是独一无二的。

(二)我眼中的我

1. 过渡,这个独一无二的特别的"我"到底是怎么样的呢? 老师带大家一起去照照心灵的镜子。

播放音乐,用舒缓的声音引导学生选择一个舒服的姿势坐好,闭上眼睛,放松身体。打开心灵的眼睛,观看自己的一切。引导:这个我是谁? 这个人快乐吗? 独立吗? 自信吗? ……再仔细看一看,这个我喜欢什么? 有什么优点和缺点等问题……最后,慢慢睁开眼睛,伸个懒腰,回到课堂。

(这部分带领学生遵从内心感受去认识自我,这是学生不曾或不经常做的,通过这个环节,让学生从内心安静地无干扰地认识自己。)

2. 回到课堂后体会感悟:你刚才看到了怎样的你? 进行交流。

3. 把对自己的认识写在老师下发的纸上。

我是一个( )( )( )( )( )……的孩子。

(三)别人眼中的我

(这个部分的设计是为了让学生更全面地认识自己,也能侧面提高学生之间的相互交往能力。)

1. 思考:你眼中的自己,在别人眼中也这样吗?

我们做个小游戏吧。猜猜我是谁?

2. 小游戏:猜猜我是谁?

从学生写的我眼中的我,随机抽取几张,教师宣读学生猜。

预设:

(1)如果猜中了,说明什么?

说明客观地认识了自己,而且表现出了真正的你,因此,大家都能猜出。

（2）没猜中，又说明什么？

对自己的认识和大家对你的了解不一致，说明你没有真正地了解自己，或者你的行为没有表现出真正的你。

（四）悦纳自己

1. 教师讲《郑渊洁的故事》。

2. 学生谈体会。

（五）感悟

1. 完善前面对自己的认识，先自己写，然后小组同学间相互评价。贴到黑板上。让孩子知道，他是唯一的独特的。

你是一个（　）（　）（　）……的孩子。

学生谈感受。

2. 说说你在本课中的收获。

（写、贴的过程，让学生动了起来，让每个孩子都感受到其实自己就是自己，接受自己悦纳自己。）

三 实践反思

古希腊人曾经把能认识自己看作人的最高智慧。阿波罗神殿的大门上写着一句话箴言"认识你自己"。中国也有俗语"人贵有自知之明"，这些都是在说明自知的重要性，同时也告诉人们，心理健康离不开自知。自我认知是与自我感觉、自我观念和自我评价等自我意识水平紧密联系的。自我认知对自我行为有重要的调节作用。通过本课的觉察，孩子正确评价自我，喜欢自我，建立良好的自我形象。

对于儿童而言，以垂直的师生关系和平行的同伴关系为主，教师对他们的评价对儿童的自我认识的发展有着至关重要的作用。而学校教师更多地强调共性而非个性的发展。因此，对于儿童而言认识自己的独特性就显得尤为重要。

活动中，孩子们按小手印、找小手印来发现自己是独特的；而在活动后也畅谈自己的感受，从而进一步发现每个人都有自己的特点，我们应该认识自己也应该接受别人和自己的不同。

通过学习，学生在生活中能够更加平静地面对自己。当自己出现错误，不再推脱,而是正视并作出相应的改正或弥补行动。当自己不如他人的时候,也能积极调整情绪,找到自己可以改进的方法,不断进取而不是自暴自弃。

通过本课的学习使学生对自己的认识能逐渐扩展到与他人相处,除了对自己正确认识的同时,也能够正确面对别人对自己的评价。不再过分强调别人眼中的自己而给自己造成困扰。同时,学生也能意识到,生活中不能按照自己的想法强求他人,尤其是自己的朋友。能够意识到生活中,我们每个人都是不一样的,我们应该尊重他人。

〔四〕生活化瞭望

怎样帮助孩子认识自己,帮孩子做出最适合自己的选择呢?

1. 对孩子的赞扬要实事求是。有些父母常常过分夸赞自己的孩子,常常对孩子说"最""第一",如果父母们再不实事求是,那么您对孩子的赞扬、鼓励就可能变成了"捧杀"。

2. 及时发现孩子的特有素质。成功固然要奋斗,但也离不开特有的素质。父母们不要赶时髦,不要人家孩子怎样就希望自己孩子怎样。要看看孩子的兴趣是什么,特长是什么,在孩子最有特质的那个方面培养孩子。

3. 用笔做记录。父母可以和孩子一起拿出几张纸和一支笔来,然后,在一张纸上写下最不想做的事情。只要你感到做这些事心情不愉快,有被勉强的感觉,就统统列举出来,直到你列不出来为止。然后,在另外一张纸上写出你最想做的、最愿意做的事情,找出自己喜欢做的事情。告诉孩子能够成功做事的人不盲目追随父母、老师、邻居、朋友、亲戚认为值得做的事情,而是找到自己最适合的事情。

让孩子每天认识自己多一点。由于年龄的原因,孩子对自己的兴趣、长处等往往有很粗糙的认识,父母要注意引导孩子多认识自己一点。可以每天或隔几天帮助孩子总结自己的学习、生活,从中发现自己的特点,包括优点和缺点,这样能使孩子更充分地认识自己,做到自知。当然,父母可以和孩子一起共同寻找彼此的优点、改正缺点,增强彼此的了解,促进和谐的亲子关系。

我有一双勤劳的手

青岛香港路小学　李妮

 **课程素材**

1. 绘声绘影

小左和小右

　　一年级小朋友课前完成录制的视频：嘿，大家好，我是小左，我是小右，我们是一对好朋友，我们会写字，画画，做手工，能自己穿衣，吃饭，刷牙，整理书包，还能自己收拾自己的小房间呢！我们会做的事情可多了，小朋友，你们喜欢我们吗？视频中小朋友的小手上贴着大大的手型，跟同学见面，打招呼，介绍自己能做的事情，引起同学学习的兴趣和为自己拥有一双勤劳小手的自豪感。

2. 校园剧场

谁来帮帮我？

　　一个可爱的小女孩不知道为什么在教室里哭得很伤心，经过老师的询问才知道，这个小女孩妈妈给她穿了一双系鞋带的鞋子，结果鞋带开了，可是她不会系呀，所以不能跟小伙伴一起玩耍一起游戏了，只好坐在座位上一动也不敢动了，小女孩希望我们班的小哥哥小姐姐帮帮她，帮她系上鞋带，让她好继续跟小朋友一起快乐地玩耍。借助这样的视频，激发了学生乐于助人和学会系鞋带的热情。

　　上述两例课程素材设计针对一年级刚入学孩子好奇、热情、活泼好动等心理特点，在动手动脑中激发他们学习的兴趣，培养他们自豪感，责任感。

二 课程设计

【课　　题】我有一双勤劳的手

【年　　级】一年级

【主题背景】

　　现在的家庭中,多数小孩子享有最高的待遇,享受着祖辈、父辈们多方面的关心,一个个就跟家里的小公主、小王子一样,大人们恨不得什么事都包揽下来,经常听到的是"放那儿,让我来吧"这些话,根本不舍得让孩子干一些力所能及的事情。一年级的小孩子,刚入学时候,经常丢三落四,忘记带文具,每次给我的答复都是:"妈妈或者是奶奶忘记给我装书包了。"早晨打开书包,大人给整理得井井有条,但是孩子自己却找不到需要的东西;而到放学的时候则是把一切东西胡乱往书包一放,里面乱成一团,依然是什么也找不到。如此下去,必将导致孩子依赖性很强,缺乏起码的生活自理能力,缺少主动性,就连自己应该做的事,也不愿意做。然而,随着时代的发展,社会对孩子们的要求越来越高,生活自理能力不强,就很难适应社会的要求。为了解决类似这样的问题和答复,教育孩子用自己的双手干一些力所能及的事情,养成良好的劳动习惯,为自己拥有一双勤劳的双手而感到骄傲和自豪已是迫在眉睫,因此特设计此课。

【活动目标】

　　1. 使学生学会必要简单的劳动技能,增强自理能力。

　　2. 引导学生养成自己的事情自己做,别人的事情帮着做,不会的事情学着做的习惯。

　　3. 激发学生有积极主动的劳动态度,做一个有责任心的孩子。

【过程与方法】

（一）揭题

　　1. 猜谜语。

　　"我有十兄弟,长短各不同,吃饭干活少不了,猜猜我是谁?"根据学生猜出的谜底,顺势贴出小手的图片。

　　2. 视频《小左和小右》。

　　听了小左和小右的自我介绍,有什么话想对小左和小右说吗?

　　今天我们的心理健康教育主题就是《我有一双勤劳的手》,顺势粘贴我有一双勤劳的手板书,课题:我有一双勤劳的手。

（二）自己的事情自己做

1. 下面我们一起来观看一组照片,他们在干什么?出示从学生家长征集到的学生洗手绢、梳头发的照片。

2. 出示第三幅照片,学生整理书包照片,小朋友在干什么呢?整理书包。你们会整理书包吗?我们开展一个整理书包比赛吧,看看李老师的友情提示:小书包勤整理,先分类,大在下,小在上,硬在下,软在上,零散物品单独放。

A. 开始整理书包大赛。

B. 评选整理书包小冠军,说说自己整理书包又快又好的办法。

C. 全班同学利用刚才整理方法,再来整理你自己的书包,教师巡视指导。

D. 小组讨论并交流:哪些事情需要自己做?

小结:我们的小手多棒呀!自己的事情自己做,粘贴板书:自己的事情自己做。

（引导学生总结出:自己整理书包、自己洗脸、刷牙、穿衣、吃饭、自己独立完成作业等等）

（三）别人的事情帮着做

1. 我们都有一双勤劳的手,自己的事情自己做,现在让我们继续观看同学的照片:小朋友在家里帮着家人干什么呢?（拖地、晾衣服、打扫教室卫生）

2. 出示校园剧场录像:咦,小妹妹怎么哭了?原来她的鞋带开了,不方便走路了,可是她也不会系。看,哭得多伤心呀!我跟她说呀,我们班的大哥哥大姐姐可热心了,肯定会帮助她的。

3. 出示道具,学生系鞋带。

有没有不会系鞋带的同学呢?看看课件,课件图文演示系鞋带方法:鞋带绳子交叉穿过,一边竖起一个兔子耳朵,让两只兔子耳朵钻树洞,然后拉紧就可以了。是不是感觉系鞋带也不那么费事了呢?用模具练习系鞋带,会系鞋带的学生可以帮助不会的小伙伴给模具系上鞋带。

4. 平时生活中,你帮别人做过什么呢?

5. 当你帮助别人以后,有什么感受?

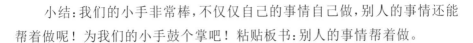

小结：我们的小手非常棒，不仅仅自己的事情自己做，别人的事情还能帮着做呢！为我们的小手鼓个掌吧！粘贴板书：别人的事情帮着做。

（四）不会的事情学着做

1. 提问：遇到不会的事情怎么办呢？

继续出示照片，看看小朋友在干什么呢？小朋友跟妈妈学习择菜。

2. 跟老师学习折纸，出示视频跟老师学习折灯笼。

3. 学生交流学会折纸的感受，你打算把折好的作品送给谁？

小结：我们的小手是不是越来越棒了？不仅仅自己的事情自己做，别人的事情帮着做，不会的事情还能学着做，真是一双勤劳的小手呀！再次把掌声送给我们勤劳的小手。粘贴板书：不会的事情学着做。

4. 行为辨析：哪些事情能学着做，哪些事情现在还不能学着做？

（五）总结

1. 通过这次心理课的学习，你有什么收获要跟我们大家一起分享吗？

2. 我们要做到：

自己的事情自己做；

别人的事情帮着做；

不会的事情学着做。

3. 欣赏跟唱《我有一双勤劳的手》，现在让我们挥舞起勤劳的手，跟着音乐，一起为自己加油吧！

三 实践反思

针对一年级小朋友活泼好动、自制力弱、注意力保持时间短、好胜心强、表现欲强、以具体形象思维为主等心理特点，课堂设计了猜谜语、绘声绘影视频，吸引学生的注意力，调动学习的热情。通过一系列的活动：整理书包大赛、帮助小妹妹系鞋带、利用模具学习系鞋带、跟着视频学折纸，培养孩子自己的事情自己做，别人的事情帮着做，不会的事情学着做，一步步得以完成，使孩子们受到了一次深刻的责任意识的教育，对孩子们养成良好的劳动习惯、形成一种为他人服务的意识起到了积极作用，增强了学生的自豪感和责任感。同时也让我感受到了孩子们的可塑性和可教育性。其实孩子们的一点小毛病、一点坏习惯根本就算不了什么，关键在于我们怎样去引导他

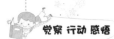

们、教育他们。只要我们有信心、有耐心、有恒心,播种了,就一定会有收获。我们从一年级开始进行这样的心理课,相信他们一定会越走越远,越走路越宽,一路走,一路收获着,一路幸福着!通过《我有一双勤劳的手》的授课,让孩子们真正从思想上认识到劳动是光荣的、是快乐的,感受到拥有一双勤劳的手是骄傲和自豪的。

四 生活化瞭望

我有一双勤劳的手

我有一双勤劳的手,勤劳的手,样样事情都会做,都会做,洗衣裳呀,洗手绢呀,补袜子呀,缝纽扣呀,自己的事情自己做,自己做,妈妈她说我是个好孩子,爸爸他也经常夸奖我,夸奖我。

我有一双勤劳的手,勤劳的手,样样事情都会做,都会做,种葵花呀,种蓖麻呀,拾稻穗呀拔野草呀,棉花摘一箩又一箩一箩箩,做个爱劳动的好孩子,歌声飞出心窝窝,嗨,歌声飞出心窝窝。

比如世界

青岛香港路小学　杜建玲

一 课程素材

1. 寓言故事

马和驴子

有一匹马和一头驴是最好的朋友。平时马在外面以拉车为生,而驴则在磨坊以拉磨为业。

贞观三年,唐僧问马和驴子,谁愿意跟随一起去西天取经,驴子害怕不去。而马却自告奋勇,一马当先跟随法师前往西天。

17年后,马修成了正果。对驴子讲述了这次旅途的经历,驴子目瞪口呆,羡慕万分。马说:"其实我和你跨过的距离是相等的。所不同的是,我想改变命运,所以抓住了机会,朝着一个方向前进。而你却安于现状,所以一生只有围着磨盘打转的命,永远难成正果。"

驴子听后,悔之当初,遗憾终生。

2. 游戏体验

比如世界

根据自己的兴趣爱好,在不同的区域选择不同的职业,进行游戏体验。

二 课程设计

【课　　题】比如世界

【年　　级】三年级

【主题背景】

自我意识不仅影响到个体现实的行为方式,还影响到个体对未来事情发生的期待。其中自我调控是个体为了达到自我期望的目标,对自己的行

为、思想和言语的调控,其核心内容就是:"我将如何规划自己的人生?""我应该成为什么样的人?""我可以选择做什么?"观察儿童时会发现,他们愿意在游戏中花费大量时间、精力进行"角色扮演",而成人世界恰恰是他们最热衷的选择之一。他们喜欢扮演成医生、教师、警察、军人等等角色,从角色扮演的活动中,他们可以获得关于特定职业的更具体、感性的认识,可以不断巩固自我认同感,明确个人兴趣倾向。 通过儿童职业模拟,学生自主模拟扮演各种社会角色,在游戏中学到知识,提前感知成人世界,感受其中的苦与乐、忙碌与责任,培育学生健全的心理,增强社交能力,增强学生自我意识的发展,加强对自我的认识。

【活动目标】

1. 通过活动体验,引导学生探索自身职业兴趣倾向。

2. 教育学生在选择职业体验的过程中,建立生涯规划意识。

3. 引导学生体验不同的职业,增强生涯规划能力。

【过程与方法】

(一)儿童社交游戏(根据需要进行调整和选择)

(二)欣赏故事《马和驴》(见课程素材1)

1. 听完这个故事你有什么感受?

2. 请同学们思考一下自己长大后想干什么?(给学生一个思考的时间,为后面的体验活动做准备。)

(三)行动感悟:比如世界(配乐:《我的未来不是梦》)

1. 教师介绍比如世界的活动内容和规则。(每一个区域限定人数)

2. 学生选择自己喜欢的职业,在指定的区域内进行活动体验。

3. 教师指导学生的活动,鼓励区域之间可以进行交流互动。

(四)分享提升

1. 全班围成1个圆圈站好,老师播放圆舞曲,音乐响起的时候,同学们开始自由跳舞,每次音乐暂停的时候,邀请一位同学站到圆圈中间,让其他同学通过服饰打扮或者肢体动作特点,猜猜他扮演了什么职业,然后该同学介绍自己的职业理想,这个职业的工作内容、特点是什么?并说说为什么自己扮演这个职业?比如:"我的理想是⋯⋯"

2. 说出当自己的理想在活动中实现时有什么感觉?

3. 因为区域人数的限定,当自己的理想在活动中没有实现的时候,心情如何? 你又是怎样做的?

(五)做"有理想"的自己

1. 欣赏名言:"梦想从来不会选择人,它是上天赋予每个人构建未来蓝图的神奇画笔。梦想,就像一粒种子,散播在'心灵'的土壤里,尽管它很小,却可以开花结果,假如没有梦想,就像生活在荒凉的大漠,冷冷清清,没有活力。"

2. 活动延展:"未来的我"。

(1)选择一支自己喜欢的彩笔,画下一条成长线,并标出现在和未来的位置,选择 1 张小脚丫的贴纸,在贴纸上写下现在的状态(兴趣、爱好、心情、高兴的事等等并标出对自己的现状是否满意),贴在成长线上。

(2)展望未来,分别在贴纸上写出或者画出自己 5 年后,10 年后,20 年之后是什么样子,自己在干什么等等,贴在成长线上。

(3)学生将自己的成长线贴在黑板上,大家来参观,通过参观的形式了解同学现在的感受和对未来的设想。

(4)在对未来进行设想的时候,要注意引导学生思考,如何才能达到自己的理想和目标,自己当前具有哪些是有利于实现梦想的,哪些又是不利于目标实现的,如何改正不良习惯,并学习制定有利于达成目标的计划。

教师总结:上面的名言告诉我们,每个人都要有自己的梦想,这样生活才会充满希望,生活才会多姿多彩。但是梦想的实现需要我们脚踏实地去努力,有了梦想就要行动,行动的时候还要有切实可行的计划,在完成计划的过程中,可能会遇到更多的困难,需要我们较长时间的努力,才能达到目的。我们要不断调整自己的状态,用积极向上的心态去面对,只有这样,才能保证我们实现自己的目标和理想。

三 实践反思

本课通过小故事《马和驴子》导入,引起反思,产生深入探究的兴趣。通过故事的讲解,马和驴子的计划和理想不同,而导致不同的人生之路这一生活素材,激发了学生的好奇心,让孩子初步感受到人生规划的重要性。为

进一步探究和感知做好了兴趣铺垫。

通过行动感悟，学生在教师的引导下，参与比如游戏世界，带领学生走进"成人的世界"，这一过程中学生体验并经历，让学生在游戏中实现自己的梦想，感知成人的世界，感受其中的苦与乐、忙碌与责任。这是本课的重难点所在。比如世界这一生活化素材，激发了学生参与的热情，通过亲身体验和经历，增强学生自我意识的发展，加强对自我的认识。

在课后还设计了一个拓展活动，"未来的我"，让每一个孩子都把自己的现在进行一个小结和肯定，对自己的未来进行展望，引导和鼓励学生正视自己，尝试为了目标调整自己的状态，积极地去实现自己的理想和计划。针对个别缺乏自信和理想的孩子，将继续进行关注和引导，树立自信，做一个有梦人，追梦人。

本课运用时，教师要始终运用描述性的语言点评，以参与者的角度与学生进行平等交流，旨在让学生以积极的状态参与到活动中，通过谈话和回顾体验活动的感受，让学生真实感悟到有规划和树目标，对人生之路的重要性。同时，帮助他们正视自己的现在，获得学习的自信心，完整地达成本课的学习目标。

四 生活化瞭望

1. 绘本《我会做任何事情》：

"我长大以后，可以做什么呢？"明明知道世界上有好多好多的工作，我长大以后，却坚持要为自己选择一样最适合自己的工作。我对前途充满盼望与希冀，我勇于天马行空，敢于发表意见，创造梦想，即使我是那个种南瓜的人、抱小狗的人、还是讲冷笑话的人……我们都可以从无限的可能中找到方向，因为我长大后，可以做任何的事情。

2. 儿童社交游戏。

（1）一个同学充当小队的火车头，跟随音乐做动作，小队中的其他同学跟着火车头学习动作，看看哪一小队最和谐。活动中培养了孩子们的社会责任感和团队意识同时，让他们学会尊重与聆听，增强人际交往能力。

（2）"舞动联接"：学生扮演"小企鹅"的角色，一部分同学们半蹲并双手放在膝盖上，以这个姿势走到同伴面前自我介绍，与小组队员增进友谊。

心的舞台

青岛福林小学　蔡颖

一 课程素材

校园剧场

别吵了！

录像播放:课间,丁丁同学因为着急去操场上活动,一不小心把东东的文具盒给碰到地上了,于是教室里传来了东东没好气地说:"你没有长眼睛? 还是眼睛今天没有带来?" 丁丁也不示弱地说:"我又不是故意的,你怎么那么多毛病? 今天我还就不给你捡起来,看你能拿我怎么样?" 一直到快要上课,两个人还在吵来吵去,文具盒也一直在地上。

这个场景来自于学生的生活,会让学生感同身受,引导他们在观看中引起思考:争吵能够解决问题吗? 类似的事情怎么处理才能有最好的结果?

二 课程设计

【课　　题】心的舞台

【年　　级】三、四年级

【主题背景】

小学生正处于身心发育时期,心理素质不稳定,也没有太多的社会生活经验,再加上现在独生子女以自我为中心的特性,使学生缺乏与人交往的常识与方法,学生在学校生活中不可能不发生矛盾,与同学之间可能因为各种各样的原因产生摩擦。即使是好朋友之间,也往往会因为某句话、某件小事而产生不愉快,如果学生只从自己的角度去思考问题,只顾及自己的感受,却忽视别人的感受,那样必然产生更多的不愉快,甚至伤害。所以,宽容待人,在学生的生活中是不可缺少的。古语有云:泰山不让土壤,故能成其大;河海不择细流,故能就其深;王者不却众庶,故能明其德。心不宽,不仅

难以成大事,更容易使矛盾激化,本课意在让学生学会宽容,学会正确地处理生活中一些鸡毛蒜皮的小小争端。

【活动目标】

1. 使学生认识到宽容的重要性,增强宽容意识感。

2. 理解宽容,能与他人和睦相处,提高人际交往能力。

3. 让学生在活动中体验宽容,在体验中感悟感恩,在感悟中升华宽容,懂得宽容是一种爱,是一种境界,是一种美德。

【过程与方法】

（一）热身运动,导入主题

1. 课前热身游戏。

（1）音乐播放出示"巧解手结"游戏规则:

2人一组,面对面站立,各自左手在下,右手在上交叉互相握住;

中途不准松手,但可以转身,在规定时间内解开交叉结,成手拉手状。

（2）音乐停止,游戏结束,请成功同学谈游戏成功的秘诀。

成功的同学:请一人先转身,相互配合默契就很容易成功! 两人演示一遍!

（3）教师小结:在刚才的游戏中,像他们一样巧解手结的举手,老师相信游戏过程不够顺利的,在课后一定也能获取成功!

2. 导入主题:同学们,刚才你们巧解的只是手结,如果那是彼此的心结呢? 让我们一起走进今天的心理课堂,拥有一颗宽容的心,学会包容他人,是解开心结的金钥匙。心有多大,舞台就有多大。同时板书课题:心的舞台。

（二）观看校园剧,体验宽容

录像播放（内容见校园剧场）。

1. 在我们的平时生活中,有这样的事情发生吗?

2. 你怎么看这件事儿啊?

3. 什么会这样? 有更好的解决方法吗?

（三）欣赏故事,懂得宽容

教师导入:法国文学大师雨果曾经说过:"世界上最宽阔的是海洋,比海洋宽阔的是天空,比天空更宽阔的是人的胸怀。"宽容是一种博大的胸怀。让我们来读两个小故事吧。

1. 宽容的故事一：

有一个男孩有着很坏的脾气,于是他的父亲就给了他一袋钉子;并且告诉他,每当他发脾气的时候就钉一根钉子在后院的围篱上。第一天,这个男孩钉下了37根钉子。慢慢地每天钉下的数量减少了。他发现控制自己的脾气要比钉下那些钉子来得容易些。终于有一天这个男孩再也不会失去耐性乱发脾气,他告诉他的父亲这件事,父亲告诉他,现在开始每当他能控制自己的脾气的时候,就拔出一根钉子。一天天地过去了,最后男孩告诉他的父亲,他终于把所有钉子都拔出来了。父亲握着他的手来到后院说:你做得很好,我的好孩子。但是看看那些围篱上的洞,这些围篱将永远不能恢复成从前。你生气的时候说的话将像这些钉子一样留下疤痕。如果你拿刀子捅别人一刀,不管你说了多少次对不起,那个伤口将永远存在。话语的伤痛就像真实的伤痛一样令人无法承受。读完整个故事,你有什么想说的吗?

总结:人与人之间常常因为一些彼此无法释怀的坚持,而造成永远的伤害。如果我们都能从自己做起,开始宽容地看待他人,相信你一定能收到许多意想不到的结果……帮别人开启一扇窗,也就是让自己看到更完整的天空。

2. 宽容的故事二：

清朝时期,宰相张廷玉与一位姓叶的侍郎都是安徽桐城人。两家毗邻而居,都要起房造屋,为争地皮,发生了争执。张老夫人便修书北京,要张宰相出面干预。这位宰相到底见识不凡,看罢来信,立即作诗劝导老夫人:"千里家书只为墙,再让三尺又何妨?万里长城今犹在,不见当年秦始皇。"张母见书明理,立即把墙主动退后三尺;叶家见此情景,深感惭愧,也马上把墙让后三尺。这样,张叶两家的院墙之间,就形成了六尺宽的巷道,成了有名的"六尺巷"。张廷玉失去的是祖传的几分宅基地,换来的确是邻里的和睦及流芳百世的美名。

读完这个故事,你又有什么感受?

3. 你有哪些有关宽容的故事要跟大家分享?同学分享自己搜集到的资料,或者见过、听过、经历过的有关宽容的事情。

（四）心有多大,舞台就有多大

教师讲述:宽容的确是一种美德。记得有一次,我在公交车上,当时下

班高峰期,人比较多,我身边一位女士踩了一位男士的脚,便赶紧红着脸道歉说:"对不起,踩着您了。"不料男士笑了笑:"不不,应该由我来说对不起,我的脚长得也太不苗条了。"哄的一声,车厢里立刻响起了一片笑声,显然,这是对优雅风趣的男士的赞美,这美丽的宽容将会给女士留下一个永远难忘的美好印象,也给公交车上忙碌一天的人们带来一份美好的心情。

1. 现在让我们回到课堂录像的情境中去,当你在做事、说话时想到了"宽容对方",你会怎样去做?现场演一演录像中的那一幕,看看这次会有什么样的结尾?学生进行现场表演。

2. 谈谈你本节课的收获吧!

教师总结:海纳百川,有容乃大。恰如大海,正因为它极谦逊地接纳了所有的江河,才有了天下最壮观的辽阔与豪迈!像海一般宽容吧!只有拥有大海一样的心胸,你的人生舞台才会更大,走得才会更远!最后送给大家两句有关宽容的名言:

宽容就像天上的细雨滋润着大地。它赐福于宽容的人,也赐福于被宽容的人。——莎士比亚

紫罗兰把它的香气留在那踩扁了它的脚踝上。这就是宽恕。——马克·吐温

三 实践反思

通过一个小小"巧解手结"的游戏,引出手结易解,心结难解,告诉我们大家拥有一颗宽容的心,学会包容他人,是解开心结的金钥匙。通过校园剧场,让学生看到平时校园生活中一个常见片段,通过讨论,让学生们联系实际生活,认识这种做法的不好之处,发表自己的看法,引出"不该斤斤计较""应该宽容地对待别人"这样的认识,初步感受"宽容"。再抓住有关宽容的小故事,让学生再次认识到宽容的重要,对宽容有了更深刻的理解,深入解读宽容。最后回归到录像中,情景重现,让每一个学生参与其中演一演做一做,对待事情不同的处理方式,结果是不一样的,这是学生生活中最真实最熟悉的情况,通过行动演示直接矫正,感悟自己心理体验。做一个宽容的人,会让你拥有更多的朋友,未来的道路会更加宽广,人生道路上会收获更多的喜悦!

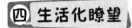 生活化瞭望

有关宽容的名人名言

宽容就像天上的细雨滋润着大地。它赐福于宽容的人,也赐福于被宽容的人。——莎士比亚

紫罗兰把它的香气留在那踩扁了它的脚踝上。这就是宽恕。——马克·吐温

泰山不让土壤,故能成其大;河海不择细流,故能就其深;王者不却众庶,故能明其德。——秦·李斯《谏逐客书》

山锐则不高,水狭则不深。——汉·刘向《新序·节士》

气馁者自画,量狭者易盈。——明·朱之瑜《朱舜水集·恭敏》

以大度兼容,则万物兼济。——《宋朝事实类苑·祖宗圣训》

目标是人生的导航灯

青岛福林小学　扈小蕾

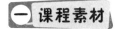

故事锦囊

　　哈佛大学有一个非常著名的关于目标对人生影响的跟踪调查。这个调查美国耶鲁大学做过,卡耐基也做过,得出的结论惊人的相似。这个调查的对象是一群智力、学历、环境等条件都差不多的年轻人,调查结果发现:

　　3%的人,有十分清晰的长期目标;

　　10%的人,有比较清晰的短期目标;

　　60%的人,目标模糊;

　　27%的人,完全没有目标;

　　25年的跟踪调查发现,他们25年后的生活状况十分有意思:

　　那3%有长期清晰目标的人,25年来几乎都不曾更改过自己的人生目标,他们始终朝着同一个方向不懈地努力。25年后,他们几乎都成了社会各界顶尖成功人士,他们中不乏白手创业者、行业领袖、社会精英。他们大都生活在社会的最上层。

　　那10%有比较清晰的短期目标的人,他们的共同特点是,那些短期目标不断地被达成,生活质量稳步上升。他们都成为各行各业不可缺少的专业人士,如医生、律师、工程师、高级主管等等。他们大都生活在社会的中上层。

　　那60%目标模糊的人,他们大都能安稳地生活与工作,但都没有什么特别的成绩,他们大都生活在社会的中下层。

　　剩下的27%完全没有目标的人,他们的特点是:从来不曾为一个目标而努力奋斗过,他们的生活都过得很不如意,常常失业,靠社会救济,并且常常在抱怨他人,抱怨社会,他们几乎都生活在社会的最下层。

　　调查者因此得出结论:目标对人生有着巨大的导向性作用。

二 课程设计

【课　　题】目标是人生的导航灯

【年　　级】五年级

【主题背景】

　　西班牙的塞万提斯说过："对未来的目标愈高,志向就愈可贵。"作为一名高年级的小学生是否认真思考过自己的未来,是否对未来的人生有过规划,这节心理课对树立正确的人生目标,制订科学的、切实的、可行的未来发展规划,对学生的长远发展有着深远的意义。

【活动目标】

　　1. 让学生明确制定目标的重要性。

　　2. 引导学生对未来人生目标和人生价值进行理性的探索。

　　3. 让学生了解制定人生目标的重要性,明白规划人生的步骤,提升人生的生命价值。

【过程与方法】

(一)通过观看微课引发同学们的思考,引入主题

　　播放自制微课《哈佛大学关于目标对人生影响的跟踪调查》。

　　引导学生观看微课后发表思索和感想,引发同学们自己对人生的规划的思考。

　　教师提出主题:思考自己的未来,对自己未来的人生有一个目标。

(二)制定人生目标

　　播放一首宁静和谐的音乐,当孩子们把眼睛闭上后,开始带领学生"坐上时光穿梭机"来到2029年,带领他们想象20年后他们的样子,音乐声渐渐响起,

　　"好的,现在时间已经到了2035年,你长大了,算一算,这个时候你多少岁了,会是怎么样的人,容貌有什么变化?请同学们大胆想象,越仔细越好。"

　　"好,你现在30几岁了,现在正躺在家里的床上,这时是清晨,和以前一样,你从睡梦中醒来,首先,看到的是卧室的天花板,看到了吗?"

　　"接着,你下床了,去刷牙洗脸,看看自己的脸,是什么样子,洗完脸,你

来到衣柜前,准备换衣服上班,没错,你有工作了,它是一份怎么样的工作?穿好衣服,你来到了餐厅,和你一起用餐厅的是谁?"

"吃完早饭,你准备到工作的地点,你回头再看下你的家,它是什么样的房子,周围的环境怎么样,然后,你搭什么样的交通工具上班,你快到工作的地方了,先注意下,这个地方看起来如何? 好,你进入工作的地方,跟同事打招呼,大家怎么称呼你呢?"

"一天的时间很快过去,该是睡觉的时候了,你躺在早晨起来的那张床上,回忆一天的工作,你满意吗? 过得愉快吗?"

幻游完毕后,学生在小组中畅谈一下自己看到的情景,可以描述你的工作、你的容貌、你的家庭、你的工作场所等等。

(三)完成人生目标清单表格

要求:

1. 列出一张人生目标清单;

2. 排列人生目标的优先顺序;

3. 为人生目标设立一个期限;

4. 找出核心目标;

5. 明确达成目标的原因和理由;

6. 找出达成目标的最大障碍。

在明确目标的基础上,回顾自己现在状况、对照将来需要和应该做的准备工作,结合以上几点因素,选择最优的目标实现路线,列出自己的人生规划。

(四)学生依次谈谈自己的人生目标

学生谈人生目标,教师记录学生的人生目标。

(五)总结提升

1. 同学们,学习了这节课,你有什么收获?

2. 同学们,我们的人生目标很美,实现自己的梦想却需要付出艰辛的努力。让我们从现在开始努力,好好学习,天天向上,放飞我们的梦想,期待明天的成功!

三 实践反思

总体来说,通过生活化课程素材的适用,这次寻找人生目标的主题是成功的,而且也达到了预想的效果,在课上,同学们踊跃地表达出了自己藏在心灵最深处的话语。另外,同学们通过幻游未来的方式来想象和描绘出自己未来的人生,他们为自己制定了或大或小、或远或近的目标,甚至有了一种立马要为实现目标而奋斗的冲动,有了奋斗的人生目标后,便不会再感到前途那么迷茫,不会再觉得生活多么无聊,不会再认为学习有多么痛苦。其实,每个孩子都是天使,作为老师,我们应该激发藏在他们心灵深处的潜能,让他们拿出勇气,主动去迎接挑战,让他们明白:成功,不相信眼泪;成功,不相信颓废;成功,不相信借口,未来,要靠自己打拼。要让他们在活动中明白"你无法为出生负责,但你一定要为自己的人生负责"的道理,让他们学会合理规划自己的人生,从而演绎出精彩的生活。

四 生活化瞭望

小学生的学习动机直接而具体,即直接受兴趣的影响。随着年龄的增长、智力的发展和学习内容的丰富,他们的学习兴趣也会分化,从而影响学习动机的多样性、稳定性。因此,家长和学校要结合思想教育,使他们认识到学习的意义,并把当前的学习与将来为社会作贡献,及个人的事业成就结合起来,激发他们的学习动机,鼓励他们用顽强的意志战胜一切困难,达到预期的目的。

学生在学习活动中的成功体验,能进一步激发学习动机。由于学生掌握某一学科知识的最终目标,要经过相当长的时间才能达到,这就使学生在日常学习中不容易获得成功的体验。所以教师要善于分解总目标,使学生学习每一个单元,甚至每一堂课都有明确的目标。这种分解目标的操作,必须符合少年期的智力水平,略高已有的知识,使他们通过努力能够达到,这样学生能及时获得成功的体验,产生满意的情感,而目标过高或过低,都不利于激发学习的动机。

学习目的教育必须从实际出发,根据学生的年龄特征,把工作做到学生的心灵深处。学习目的教育还必须具体,要结合教学内容,讲明新知识在生活中的具体意义,在知识体系中的地位,以引起学生对新知识的重视。

幸福成长小升初

青岛宁夏路小学　郭斐

一 课程素材

绘声绘影

微课：毕业校歌《毕业季》。

二 课程设计

【课　　题】幸福成长小升初

【年　　级】六年级

【主题背景】

　　六年级的孩子已经进入青春期初期阶段,也即将为整个小学的生活画上圆满的句号。这一年龄阶段的孩子开始进入"叛逆期",有了更多的独立思想,且是一个喜欢"行动"的年纪。学生在自尊心、自信心、人际关系、价值观等方面都有了进一步的成长和需求,在学习中让他们多经历多感悟,以情育人,多给予积极的评价和鼓励,须尊重为先,这样才能对他们达到良好的教育辅导效果。

【活动目标】

　　1. 回顾小学的成长时光,珍惜在母校毕业前夕时间。

　　2. 引导学生树立积极阳光心态,做一名优秀的小学毕业生。

　　3. 激发学生热爱学校、热爱生活的热情,引导学生珍惜今日拥抱未来初中,为小初衔接工作奠定基础。

【过程与方法】

（一）暖身导入

　　1. 暖身活动《乌龟和乌鸦》。（操作方法见本书 95 页）

　　2. 观看微课视频。

（二）我的小学成长足迹

音乐冥想：小学六年的历程回顾。

【活动】小学，我们一起走过的日子。

用关键词或者符号等自己喜欢的方式，在卡纸上记录过去六年中校园生活中的难忘经历。

【讲授】初中生活畅想。

谈谈我了解的初中，畅想未来我的初中生活。

【活动】美好明天从今天启程。

1. 时光飞信：给未来初中的自己写一封信。

2. 美好的明天从今天启程：今天开始，我需要做哪些努力，从而让未来的自己绽放更加绚丽的光芒。

（三）课堂总结

补充资料

冥想——六年小学成长历程回顾导语：

（备注：下面导语中省略号的地方，教师根据本校实际情况自行添加，要添加真实信息，这样导语才更富有感染力）

一年级：

面试，报名那天……上学第一天……老师带我们参观学校，和幼儿园相比，学校有很多有趣的地方……学校的老师、同学比幼儿园多很多………学校有趣的课……

6月1日儿童节，戴红领巾了……班主任……交了很多朋友……

二年级：开学报到那天，班主任微笑着迎接我们入学，看到××老师，感觉好温暖……

三年级：开学报到的时候，我惊奇地发现，班主任换了，换成了××老师……

学习的知识感觉难了很多，增加了作文课，语文书上的内容多了……似乎很多学科的书，内容都多了……一些科目的老师也换了……

在这一年中，我的朋友也发生了变化……

四~五年级：

开学报到的时候，我惊奇地发现，班主任……任课老师也换了很

多……她们每个人的风格不同……有的文静些,有的活泼些,爱开玩笑,下课和我们一起玩……有时候她们也会很凶,但是,她们都有一个共同点:她们每一个人,都非常爱我们!……

六年级:

今天,我六年级了,是毕业班的学生了。回顾这5年,发生了很多事……有欢笑,有泪水,有生气,有激动……很多事情让我难忘,甚至,或许会记住一辈子……今天的我,已经长大了,不再是5年前那个什么都不懂的小豆子……5年前,我只会20以内的加减法……我只会写我的名字……我数数最多只会数到100……但是今天的我,有了很多的不同,我可以做很多事情了……

回想这5年,其实自己有时也犯了些小错误,曾经让父母、老师生气、难过,也与好朋友吵架过……现在回想起来,其实不就那么点小事吗?至于嘛。她曾经也帮助过我很多,陪伴过我,我们一起笑过,一起共同面对困难……如果再有一次机会,我一定不会再把和她相聚的短暂时间用来吵架,我会珍惜和她们在一起的时间……

因为,几个月后,我们就要分开了,会到不同的中学,继续我们各自的成长……所以,我会珍惜和她们在一起的时间……如果再遇到意见不一致的时候,我会……而且,在未来的几个月中,我会这样对待我身边的朋友、老师、同学……

三 实践反思

本课程根据学生的年龄特点以及心理发展特点针对性设计的心理辅导,通过表达性心理辅导技术中的音乐辅导对学生进行身心减压、潜意识减压心理训练。课程以体验性活动辅导为主,让学生在体验中感悟,在体验中成长。

课程中根据学生实际生活,特别制作《小学毕业季》的视频,引导学生温馨回顾六年来在小学的成长路,联系学生生活实际,切实激发学生的情感,激励学生迎接初中新生活,做好初小衔接的教育。

六年级的孩子已经进入青春期初期阶段,也即将为整个小学的生活画上圆满的句号。这一年龄阶段的孩子开始进入"叛逆期",有了更多的独立思想,并且不顾一切地希望实践,是一个喜欢"行动"的年纪。这一阶段的学生在自尊心、自信心、人际关系、价值观等方面都有了进一步的成长和需求,特别渴望得到外界的认可,甚至为了得到认可,宁可做出很多的自我牺牲,所以针对这些特点,小学高年级的学生仅仅单纯地用语言教育是不够的,需要更多的利用他们爱"动"的特点,在学习中让他们多经历多感悟,以情育人,多给予正性(积极)的评价和鼓励,须尊重为先,这样才能对他们达到良好的教育辅导效果。

四 生活化瞭望

"小升初衔接教育"的含义和作用

一个好孩子的背后,必有一位好的父母给过他终身受益的教诲。俄国大文豪托尔斯泰说:"没有父亲的先锋榜样,一切有关教育孩子的谈话都将成为空谈。"一个人的成长,关键只有几步,小学升初中就是其中一步。

"小升初衔接教育"的必要性:

小学教育和初中教育有承前启后的作用,衔接过渡的成功与失败对教育质量影响很大。由于小学毕业生基础知识掌握程度不一,认知前提差异较大,从而加剧了小学生进入初中后的学习、心理、生活等方面的不适应。这种不适应表现在"师与生、教与学"中是双向的、相互的。这些不适应集中反映在:小学生进入初中后生理、心理变化较大,管理难度增大,与家长、教师和学校的冲突增多,两极分化严重,这些问题严重阻碍着教育的健康发展。产生这种不适应的主要原因是:初一新生跨入初中大门,心理年龄特征仍处于半幼稚、半成熟、半独立、半依赖,自觉性和幼稚性错综交织的状态。在他们的眼里,中学是一个全新的环境,陌生的世界,新学校、新老师、新同学、新的教学任务和教学方法。功课由几门课增加到十几门课,内容多了,难度大了,要求高了,加上对新的学习生活、学习任务、规范要求了解较少,使大部分同学在心理、学习、交往等各方面往往处于被动状态,不能很快适应,导致一部分同学落伍,走了弯路,成绩出现滑坡。因此,初小衔接教育非常重要和必要。

学会成长　学会幸福

（代后记）

再一次看着青岛市市南区心理老师们八年的付出转化成文字，即将付梓，编撰本书的点滴过往也一一呈现，一个个画面，定格在记忆深处。

本书的孕育出版，离不开青岛市市南区教体局的全力支持。青岛市市南区教体局一直坚持以立德树人为主旨，以科学育人为主题，以培育和践行社会主义核心价值观为主线，加快率先实现教育体育现代化的步伐，着力打造高品质市南教育体育服务体系，为把市南建设成为国际国内一流的宜业宜居幸福城区做出了贡献。

毫无疑问，优先发展教育、提高教育现代化水平，对国家的发展和强盛都具有决定性意义，那么究竟如何提高教育现代化水平？如何推动教育事业科学发展？理性探讨与实践证明：根本要靠改革创新，关键要靠科研引领。

正是在这样的背景下，青岛市市南区教育研究中心立足为区域教育实践指导服务的宗旨，开展了"基于学生发展核心素养的区域品质教育研究""区域协同促进中小学课程建设的实践研究""区域推进特色课程建设的行动研究""互联网＋背景下的优质学习资源建设与应用研究"，本书就是在行动学习的过程中应运而生。

陶行知先生说过："我们深信生活是教育的中心。生活教育是给生活以教育，用生活来教育，为生活向前向上的去要而教育。教育要通过生活才能发出力量而成为真正的教育。"青岛市市南区的心理教师在区域教学法的实施过程中，在教学中利用各种心理体验活动，将学生课堂学习间接经验与现实生活直接经验结合起来，课堂学习与生活实践结合起来，构建学生各种感兴趣并且主动进行的学习活动，把生活世界提供给学生进行深入理解和体验，使他们在与生活世界的链接中，感受到生命的意义，促进个性发展。教育教学过程本身就是师生创造生存意义的生命活动过程，是使学生不断完善自身的过程。

本书在编辑过程中，青岛市市南区教育局王轶强局长全程关注，市南区教育研究中心主任的王红副局长亲自审稿，青岛市教科院吕海娥老师饱含深情默默支持，教育中心的刁丽霞、冯骋副主任及关茜主任多次过问进程，杨希婷主席、王红梅主任更是亲历本书的送审过程。我与编委会的成员们进行了一次次的审稿研讨，在本书研讨过程中，卢芳、金继翔、郭琳、侯春萍、盛晓文、史玉华、王珺、魏彩艳、徐洪翠、朱华、李建、刘瑞芝、王晓萍、王静、臧晓文、崔倩等诸位老师提供了一些非常有价值的建议，他们为本书的出版起到了重要的作用，在此表示感谢。同时感谢的还有每一位作者，以及我们市南区的所有学生和家长们！

回首编写之初所致力追求的宗旨目标，我们仍旧固守一颗初心。同时我们知道，缺憾在所难免，敬请广大读者批评指正。

当前中西方关于教育有一个共识就是我们都想培养未来的人，我们的教育都在为未来做准备，面向未来，我们学会成长，学会幸福，不忘初心，继续前行！

也希望读到此处的您，健康、平安、快乐、幸福！

松　梅

2017 年 5 月